古関金子

豊橋生まれの声楽家・古関裕而の妻

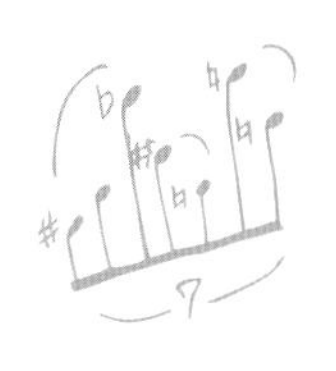

古関正裕：監修
岩瀬彰利：編著

まえがき

古関金子……こせきかねこ？……私がはじめてこの名前を目にしたのは、平成28（2016）年の秋のことでした。豊橋市は福島市と共同でＮＨＫの連続テレビ小説、通称「朝ドラ」を誘致することになり、シティプロモーション課の職員が図書館へ調査に来ました。そのときに名前は金子（きんこ）と読み、昭和の大作曲家である古関裕而の妻で、豊橋出身であることを知りました。郷土資料を徹底的にさがしましたがその生涯に関する文献はみつからず、声楽家ときいていたのに唯一、古関金子詩集『極光』だけがみつかりました。

平成31（2019）年3月、ＮＨＫから古関裕而と金子をモデルとしたドラマ化決定が発表され、ドラマ制作のプロデューサーやディレクターの方々が豊橋市を訪れました。縁があって、私も打ち合わせ会に参加させていただきました。ＮＨＫ側から質問があり、金子がいた大正～昭和初期頃の豊橋に関することには答えられたのですが、金子自体の事績については、ほとんど答えられませんでした。特に覚えているのは金子が音楽と出会った場所に関する質問です。今となれば豊橋市立高等女学校時代が重要なカギとなったことがわかりますが、当時はかいもく見当もつきませんでした。

この頃、金子については古関裕而研究家の齋藤秀隆氏や親族の澤井容子氏の著書に少し記載されている程度で、ほとんどわかっていませんでした。しかし、令和2(2020)年2月末、長男の古関正裕氏が手紙をもとにまとめた『君はるか』の出版、また正裕氏から提供を受けた金子関係資料により、その実像が少しずつみえてきました。

本書は、令和2年5月1日から東愛知新聞で連載した「明治から昭和を音楽と共に『内山金子とその時代展』より」の寄稿を改訂したものです。ここでは、ドラマや小説で創作された物語ではなく、真実の金子の生涯を紹介します。

編著者

CONTENTS

豊橋生まれの声楽家・古関裕而の妻　古関金子

金子の生涯

公演後に花束をもつ金子　提供：古関正裕氏

豊橋生まれの金子

▲金子（19 歳頃） 提供：古関裕而記念館

金子という名前

金子（きんこ）、変わった呼び名で、よく「かねこ」と間違えられたそうです。この名前は、母・みつが「金も情もあって尊敬できる人の名」を付けたものです。つまり、知人の名前を付けたのでした。

金子は、名前に色彩、心象や時代の表現として輝いている「金＝ゴールド」の字が使われていることから、自分の名前が気に入っていたようです。

内山家 家族構成（当時：渥美郡高師村小池）

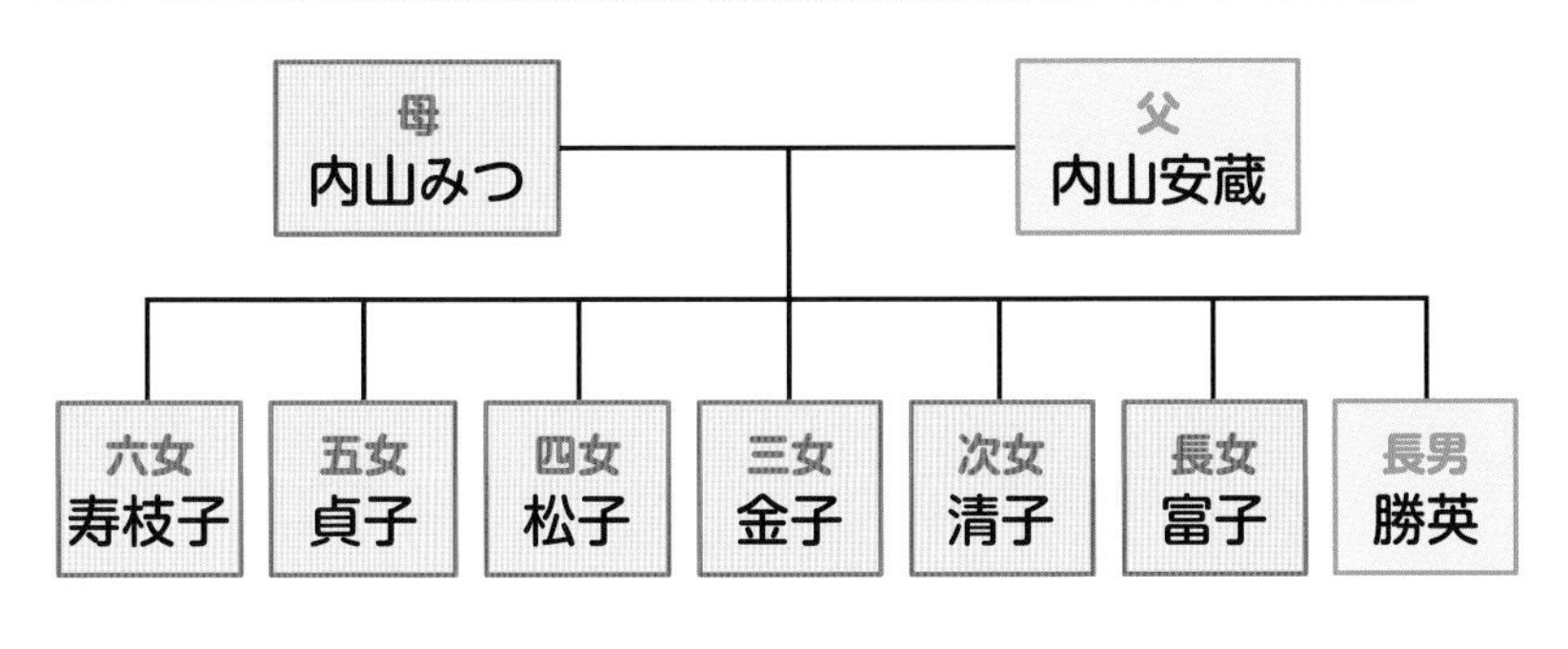

内山家

古関裕而の妻となった金子は、旧姓を内山といい、父・安蔵と母・みつの三女として明治45（1912）年3月6日に生まれました。内山家の家族構成をみると、金子の兄弟は長男（勝英）と長女（富子）、次女（清子）、四女（松子）、五女（貞子）、六女（寿枝子）と、長男を除けば6人の姉妹のなかで過ごしました（註：実際の家族構成は資料編・内山家参照）。

当時住んでいた家は、豊橋市に合併する前の渥美郡高師村小池にありました。小池あたりは田原街道沿いの集落ですが、明治41（1908）年に陸軍第十五師団ができたため旅館や商店が約1㎞にわたり建ち並ぶ「軍隊の街」として栄えた場所です。

▲高師村小池の街並み

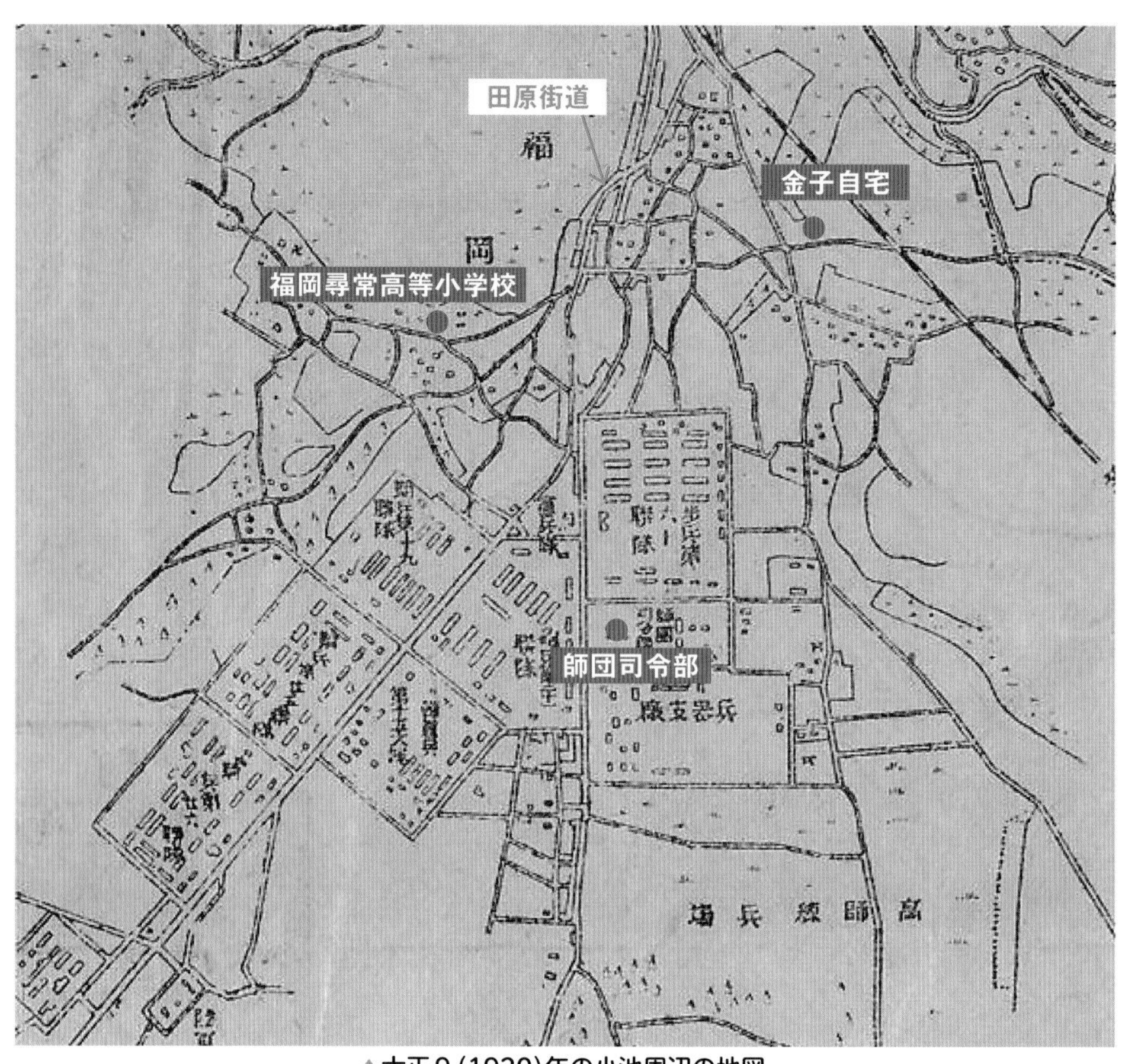

▲大正９（1920）年の小池周辺の地図

今では街道沿いは商店がなくなってしまい、住宅が建ち並んでいるため、当時のおもかげは全く残っていません。

今まで金子の家は、親族の証言から街道筋にあったといわれていました。しかし、「同窓会名簿」などの新資料から、街道から300mほど東へ離れた柳生川の支流沿いにあったことがわかりました。

父・安蔵

安蔵は、かつて陸軍の獣医部に勤めていました。獣医部は、軍馬や軍用犬の医療を主に担当していましたが、安蔵が所属

▲金子の実家付近（現況）

していた部隊および階級はわかっていません。安蔵は、明治37（1904）年からはじまった日露戦争に従軍しており、中国の満州地方で戦っていたそうで、額には弾丸の傷痕がありました。よく子どもたちに「これがもう少し深かったら、お前たちは生まれていなかったね」と言っていました。

安蔵は明治44（1911）年頃、定年により軍隊を除隊しています。除隊後は高師村小池で「内山安蔵商店」を開きます。馬の蹄鉄をつくる工場をはじめ、蹄油、機械（馬具）、馬糧（馬のエサ）などを手広くあつかう御用商人となって、第十五師団の騎兵聯隊などへ納入していました。従業員も多く雇い、商売は繁盛していたようで、家庭は裕福でした。

▲騎兵第二十六聯隊馬場

コラム

大正時代の豊橋と第十五師団

大正時代の豊橋

　金子が育った大正時代の豊橋は、街の発展のため、市が師団の誘致活動に成功し、陸軍第十五師団が明治41（1908）年に高師村に設置されて間もなくの時代です。誘致によって、軍関係の施設・企業が集合し、人口が1万人以上増え、駅前や道路が整備されました。街には、内山家のように軍に物資を納入する商店や旅館などが多数でき、軍隊の街を形成して賑わった頃でした。

　金子が2歳だった大正3（1914）年の東海道沿いの主要都市と豊橋を比較すると、人口では静岡より少ないですが、世帯数や乗車人数では静岡、浜松、岐阜より多く、東京～名古屋間で一、二位を争う活気のある大きな都市でした。

　時代背景をみると、遠く離れたヨーロッパで起きた第一次世界大戦によって大戦景気が起こり、生糸など製造業の輸出が伸びました。また、政治や社会、文化において自由な風潮（大正デモクラシー）が広まり、日本中が比較的自由で豊かだった時代といえます。

豊橋駅

広小路

主要都市比較表

市	人口（人）	戸数（戸）	乗車人数（人）
豊橋	**53,845**	**14,150**	**1,298,378**
静岡	62,411	13,093	1,216,382
浜松	41,135	7,948	920,898
岐阜	50,872	11,250	1,046,911

（『豊橋市及其付近』　大正３年 12 月末）

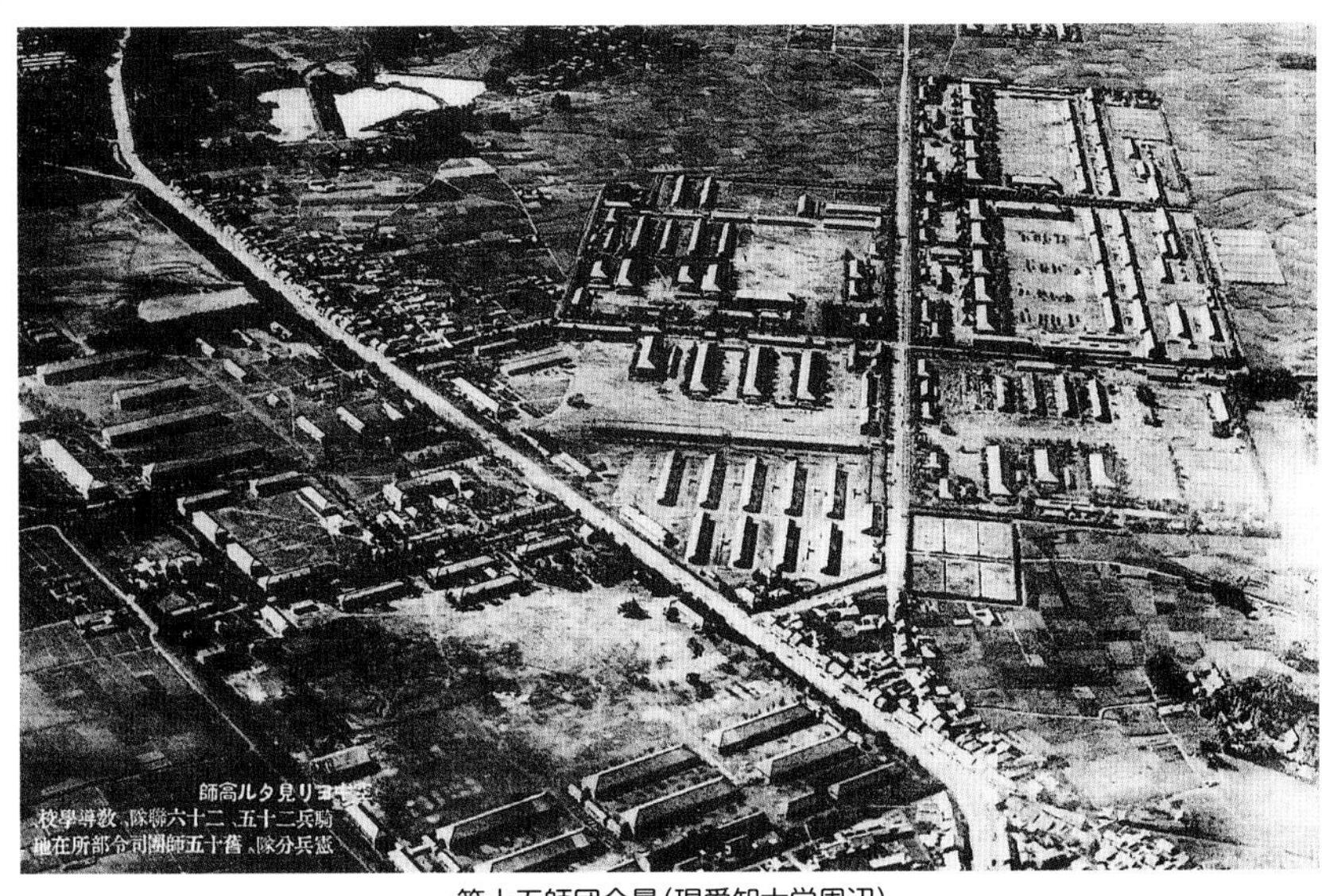

第十五師団全景(現愛知大学周辺)
※写真は師団廃止後

第十五師団所属部隊・施設(設置時)

	名　称	所在地		名　称	所在地
1	第十五師団司令部	渥美郡高師村	8	騎兵第十九聯隊	渥美郡高師村
2	歩兵第十七旅団司令部	豊橋市	9	野砲兵第二十一聯隊	渥美郡高師村
3	歩兵第十八聯隊	豊橋市	10	工兵第十五大隊	豊橋市
4	歩兵第六十聯隊	渥美郡高師村	11	輜重兵第十五大隊	渥美郡高師村
5	歩兵第二十九旅団司令部	静岡市	12	第十五憲兵隊	渥美郡高師村
6	歩兵第三十四聯隊	静岡市	13	豊橋陸軍兵器支廠	渥美郡高師村
7	歩兵第六十七聯隊	浜松市	14	豊橋衛戍病院	渥美郡磯辺村

第十五師団

第十五師団は、高師村に司令部などが設置されましたが、村だけではなく、この地方の中心的存在となり、豊橋は「軍都」と呼ばれるようになりました。

第十五師団司令部

第十五師団聯隊配置図(明治 41 年)

野砲兵第二十一聯隊

歩兵第六十聯隊

豊橋衛戍病院

騎兵第二十五聯隊

師団は、高師村の約50万坪の敷地に司令部、歩兵第六十聯隊、騎兵第十九聯隊、野砲兵第二十一聯隊、輜重兵第十五大隊などが置かれました。ところが、歩兵第二十九旅団司令部や歩兵第三十四聯隊など一部は静岡や浜松に置かれました。

しかし、第一次世界大戦後の軍縮により、第十五師団は大正14（1925）年に廃止されました。多くの施設が残されましたが、それを利用して、昭和2（1927）年に下士官候補生教育のために豊橋陸軍教導学校が、昭和14（1939）年には幹部候補生教育のために陸軍予備士官学校が開設されました。

師団長

歴代の師団長のなかには、皇族の久邇宮邦彦王（くにのみやくによしおう）がいました。第一王女の良子（ながこ）女王は大正7（1918）年に裕仁皇太子（昭和天皇）との婚約が内定し、師団長在任中だったので豊橋市民は大喜びしました。

そして、大正13（1924）年1月26日に結婚されました。

昭和天皇の行幸

昭和天皇は、天皇の位について間もない昭和2（1927）年、愛知県で陸軍特別大演習が行われたときに豊橋を訪れています。天皇は陸海軍の最高指揮官である大元帥であったため、陸軍の演習に参加され、終了後の11月21日に豊橋に立ち寄られました。

当時、東八町にあった練兵場で天皇出席の式典が開催されました。この式典には高女の女学生も動員されたので、当時4年生の金子も参加した可能性があります。その後、元の第十五師団内の陸軍教導学校などを視察したのち、岩屋山に登山しました。

昭和天皇行幸（昭和２年）

幼少期～福岡尋常高等小学校時代

▲想い出が書かれたスケッチブック（古関裕而記念館蔵）

幼少期

　内山金子が生まれた明治45（1912）年は、7月30日に明治天皇が崩御したため、すぐに大正元年となりました。

　次女・清子の話によると、金子は、小さなときから音楽と文学が好きで、活発でおてんばであった反面、いつも空想の世界に浸っている少女だったそうです。

　古関家には金子が描いたスケッチブックが残されています。

30枚ほど絵が描かれていましたが、その中の1枚に父の想い出が書かれていました。昭和47(1972)年4月30日、伊豆の富士見ランドへ行った際、多くの親子をみて両親を想い出した金子が記したのでした。今まで、金子の幼少期はほとんどわかっていなかったので、大変貴重な資料といえます。

中央に父・安蔵、左上に洋装の金子と思われる絵が描かれたスケッチブックによると、父は「金子、金子」といってひざ抱っこし、どこに行くのにも連れていくほどの寵愛ぶりでした。銀行へ行くときも連れて行き、待っている間にようかんを1本買ってもらい食べたそうです。このためほかの姉妹から「いつも金子ばかりを連れて行った。」とひがまれました。名古屋へ行ったときには、父はほかの姉妹には光沢のある生地でつくった幅広のリボン、金子だけには同じ生地で花をつくったカチューシャを買ってくれ、このこともひがまれたとのことです。

小学校へ入学

大正7(1918)年4月、6歳になると、金子は当時橋良字東郷にあった高師村立福岡尋常高等小学校(現福岡小学校)に入

▲大正時代の福岡尋常高等小学校　提供：福岡小学校

▲福岡尋常高等小学校があったあたり

学しました。金子が住んでいた小池は、明治11(1878)年から福岡村となり、明治39(1906)年にまわりの村と合併して渥美郡高師村となっていました。金子は、小池の家から学校まで、約1㎞を通ったのでした。

　大正2(1913)年6月、豊橋市の八町高等小学校から福岡尋常高等小学校に戸苅三郎七校長が就任しました。当時は、大正デモクラシー運動の影響で、「新教育運動」といって児童の生活や経験を重視するようになった時代でした。戸苅校長は、この「新教育運動」を推進した人です。第十五師団のおひざ元の小学校であったので、就任したときには550人あまりの児童が、のちに1000人と倍増しました。躍進したときの校長として、采配をふるいました。戸苅校長が来るまえから、小学校には図書部と運動部からなる『良友会』という高等科生徒の自治活動の組織があり、「良友新誌」という児童の自発性を重視した雑誌も発行するなど、自由主義教育が進んでいました。

　また、福岡尋常高等小学校は、ちょうど金子が入学する前年に大太鼓、小太鼓、銀笛、シンバルの楽器が村民から寄贈されていて、音楽にも力を入れた教育がおこなわれるようになっていました。

賞状

尋常科第六學年 内山金子

一鏡壹面

成績優等ニ付

賞與ス

大正十三年三月二十二日

愛知縣渥美郡福岡尋常高等小學校

▲小学校でもらった賞状（古関裕而記念館蔵）

ただ、金子の小学校時代の記録は、あまり残っていません。今の福岡小学校を探しましたが、卒業写真も残っていませんでした。知られているのは、金子が5年生のとき、学芸会でかぐや姫の役を演じたことです。それ以来「かぐや姫、かぐや姫」とみんなに呼ばれるようになり、かぐや姫に親近感を持つようになりました。

そのほかには、金子が父に村ではじめて洋服とクツを買ってもらったときの話があります。金子が洋服を着ていると、上級生の男の子に「クツ！なんだクソ！クソ！」と目新しいクツをからかわれたので、二度とクツを履きませんでした。また、父と兄が当時は非常にめずらしかったフォード車に乗って学校へ来て、そのめずらしさから、先生たちを交代で車に乗せて校庭をぐるっと回ったことなどの話が残されています。

この小学校へは6年間通い、大正13（1924）年3月に卒業しました。

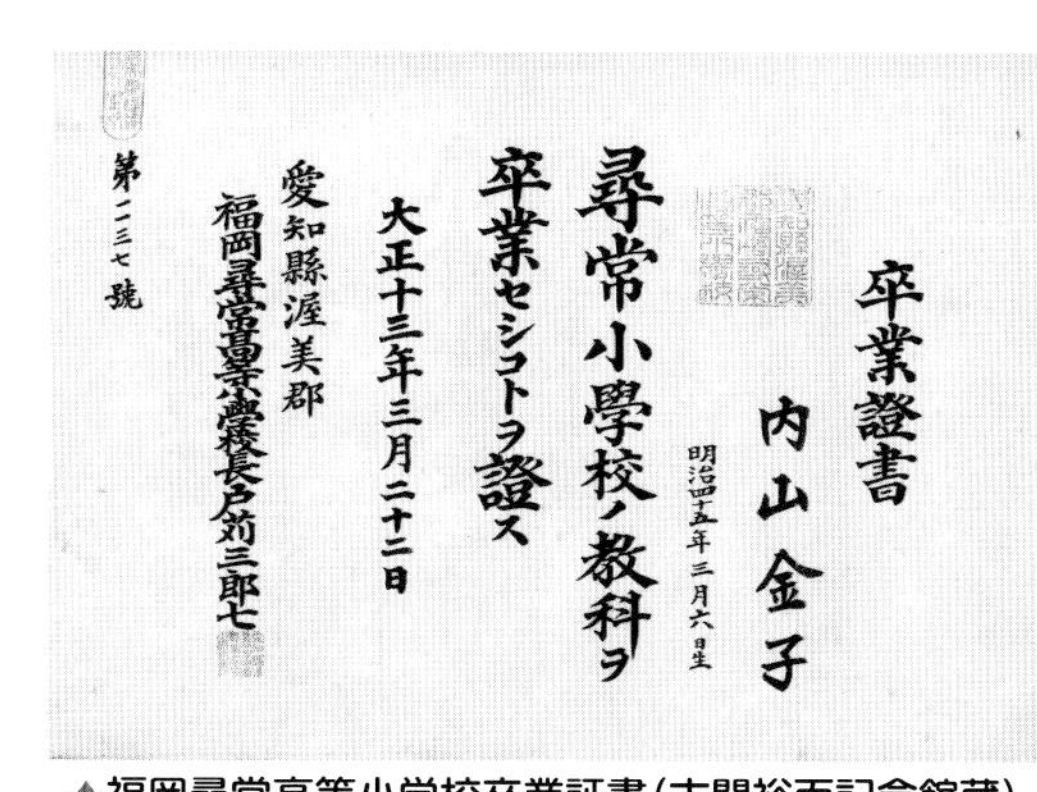

卒業證書

内山金子

明治四十五年三月六日生

尋常小學校ノ教科ヲ

卒業セシコトヲ證ス

大正十三年三月二十二日

愛知縣渥美郡

福岡尋常高等小學校長戸苅三郎七

第一二三七號

▲福岡尋常高等小学校卒業証書（古関裕而記念館蔵）

コラム

福岡尋常高等小学校

高足学校出張所（正光寺本堂）　提供：福岡小学校

明治7年創立

金子が通った福岡尋常高等小学校は、その前身の第10中学校区第10番小学高足学校出張所が明治7（1874）年に創立した歴史ある学校です。創立当初の学校は、江戸時代末期の寺子屋の流れをくんで、当時の橋良村にあった正光寺の本堂が学校の教室として使われました。

創立の2年後、第10中学校区第29・30番小学福岡学校と改称されました。さらに明治11（1878）年には校舎を橋良村東郷に新築・移転し、同25（1892）年には修学3か年（のちに4か年）の高等科を併設しました。

金子の入学

大正7（1918）年4月に金子は福岡尋常高等小学校へ入学しました。尋常高等小学校には、6年間の尋常科と高等科4年の修業年限がありました。金子は尋常科で学んだのち、高等科へは進学せず、卒業後は豊橋市立高等女学校へ進学しました。

福岡尋常高等小学校グランド　提供：福岡小学校

小学校の教育

本文にも書きましたが、金子が入学する前に大正デモクラシーの影響を受け、愛知県でも新教育運動が芽生えました。新教育運動とは、子どもたちを束縛しない教育の考え方です。金子が在籍した頃は、この考えに沿った教育が行われたようです。ただ、この新教育運動にも限界があり、第一次世界大戦後の不安定な社会情勢と国の文教政策により、徐々に下火になっていきました。

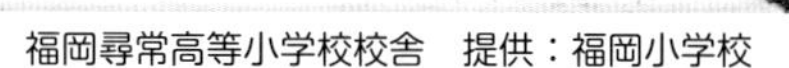
福岡尋常高等小学校校舎　提供：福岡小学校

校舎の増築

第十五師団が高師村に設置されると、児童数が右肩上がりに増加したため、次々と校舎が増築されました。最初は1棟だった校舎も、1棟、また1棟と増えていき、多い時は1クラス約70人の児童がいました。金子が在籍していた大正12（1923）年に最後の6教室が増築され、4棟を数えるまでになりました。金子の学年は124人でした。教師も不足していたので、臨時の代用教員が多く雇われました。

兵の見送り

師団のおひざ元の小学校なので、軍とのかかわりが多くみられました。大正10（1921）年、第十五師団から国境守備のため、続々と満州に兵が送られました。学校では、毎日のように出発する兵を全学年の児童が見送りに参加しました。

同級生の想い出

金子の同級生、藤城新市が当時の想い出を『福岡創立100年』のなかで述べています。特に戸苅校長は、厳格で知られ敬意をもっていましたが、ほおに大きなイボがあったので、「イボ」と呼ばれて親しまれていました。当時は教師不足だったので、校長に担任してもらったそうでした。

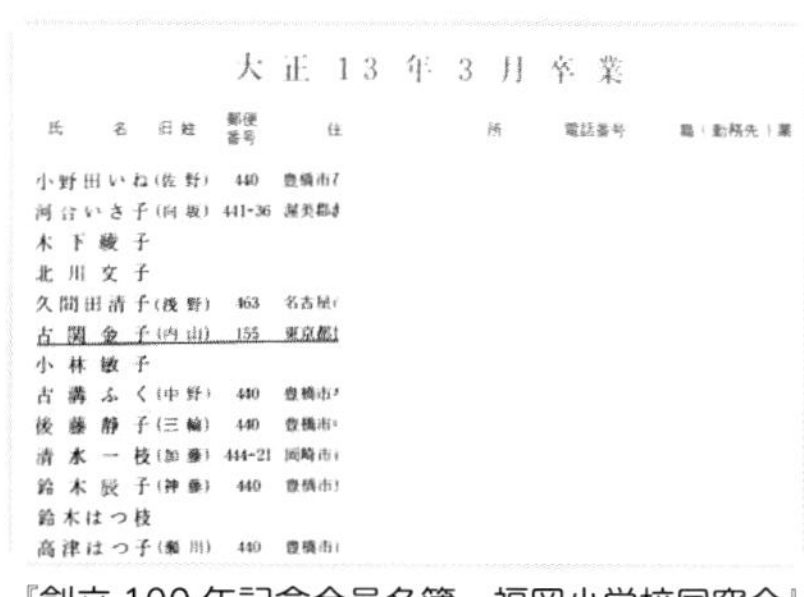
大正13年3月卒業

氏名	旧姓	郵便番号	住所	電話番号	職｜勤務先｜業
小野田いね	（佐野）	440	豊橋市		
河合いさ子	（向坂）	441-36	渥美郡		
木下綾子					
北川文子					
久間田清子	（浅野）	463	名古屋		
古関金子	（内山）	155	東京都		
小林敏子					
古溝ふく	（中野）	440	豊橋市		
後藤静子	（三輪）	440	豊橋市		
清水一枝	（加藤）	444-21	岡崎市		
鈴木辰子	（神藤）	440	豊橋市		
鈴木はつ枝					
高津はつ子	（鵜川）	440	豊橋市		

『創立100年記念会員名簿　福岡小学校同窓会』
※画像は編集してあります

豊橋市立高等女学校時代

▲豊橋市立高等女学校正門

名門の高等女学校へ

大正13（1924）年4月、金子は豊橋市旭町にあった豊橋市立高等女学校（現豊橋東高等学校）に入学しました。豊橋市立高等女学校は、「高女」とか「豊橋高女」と呼ばれ、名門の女学校として知られていました。

高等女学校は、明治44（1911）年に西八町から旭町（現旭小学校の場所）へ新築・移転しています。金子は、小池の自宅から学校までの約2.5kmを、毎日自転車で通いました。

▲隠居家の前に立つ母・みつと六女・寿枝子　提供：古関正裕氏

父の突然の死

高等女学校に入学した大正13年の10月3日、父・安蔵が突然に脳出血のため52歳で亡くなりました。一家の大黒柱を失った内山家は、失意のどん底に落とされました。しかし、母・みつは気丈な人だったので、馬蹄工場を閉めて家業を縮小し、馬糧商のみを引き継ぎ、商売をしながら家族を養いました。

金子は読書と音楽が大好きな少女だったので、父が亡くなった後も、声が良かった金子を中心に琴やオルガンの伴奏のもと、家中で合唱して、明るく過ごしたそうです。

高等女学校の先進教育

金子が通った豊橋市立高等女学校は、先進的な教育で知られていました。当時の女学校は「良妻賢母」の養成が目的でしたが、高女はそれに加え、「家庭婦人にとどまらぬ社会の人」「自ら世の進歩と共に歩む」という教育方針でした。

いち早く洋装の制服を採用し、最初は名古屋のいとう屋（現松坂屋）に依頼しました。また、姿勢を正して両手が自由に使えるようにランドセルを持たせました。当時としてはめずらしく、両手が自由に使えるため、学校は自転車通学を積極的に勧めたのでした。

▲高女のシンボル・ランドセル
提供：豊橋東高等学校

洋装でランドセルを背負った格好は目立ち、いつしか「ランドセルの淑女」と呼ばれました。

金子は、この「高女」で勉学に励みます。4年生のときの通知簿が古関裕而記念館に残されています。それをみると10段階評

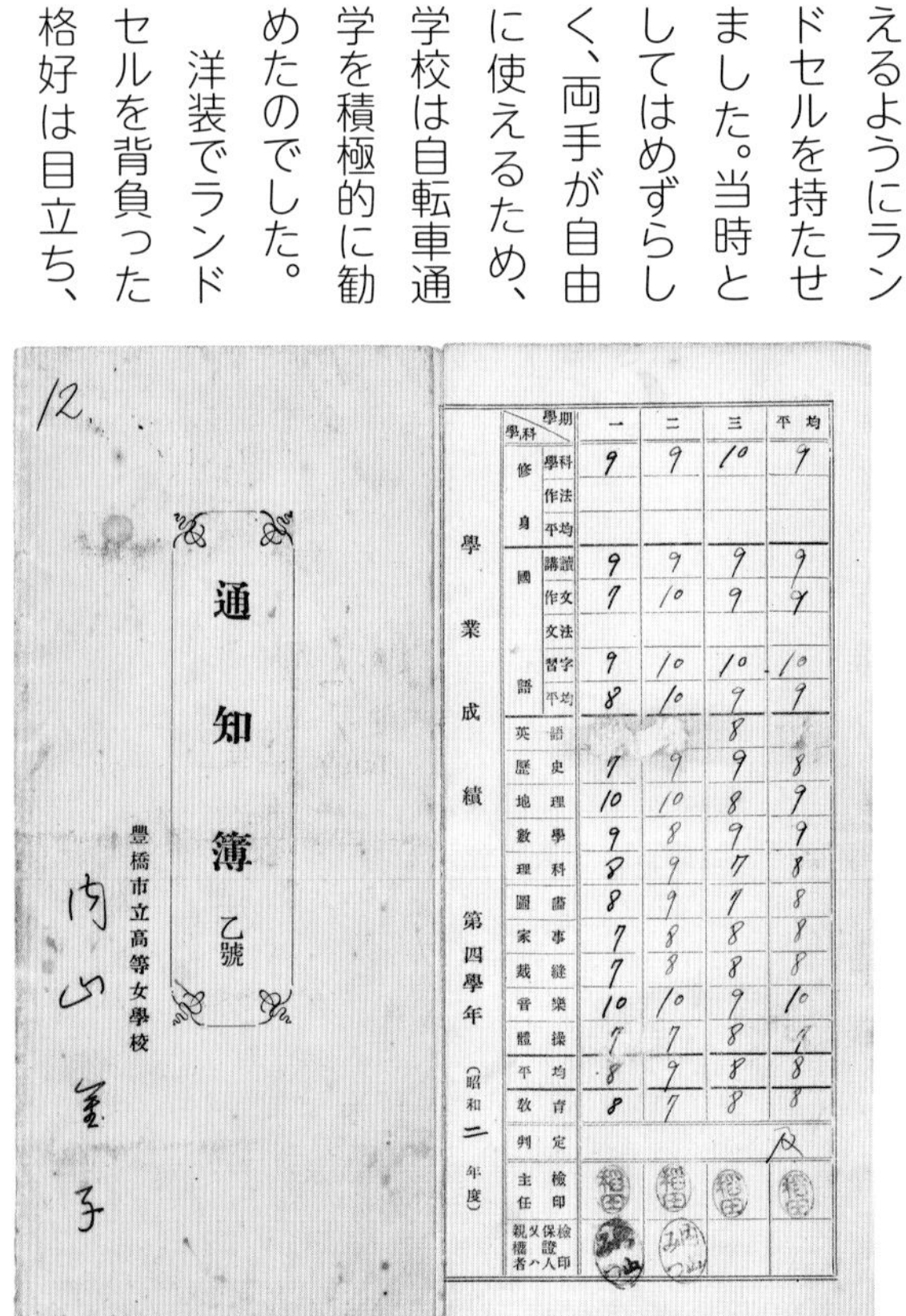

12

通知簿
乙號
豊橋市立高等女學校
内山金子

學業成績 第四學年（昭和二年度）

學科＼學期		一	二	三	平均
修身	學科	9	9	10	9
	作法				
	平均				
國語	講讀	9	9	9	9
	作文	7	10	9	9
	文法				
	習字	9	10	10	10
	平均	8	10	9	9
英語				8	
歴史		7	9	9	8
地理		10	10	8	9
數學		9	8	9	9
理科		8	9	7	8
圖畫		8	9	9	8
家事		7	8	8	8
裁縫		7	8	8	8
音樂		10	10	9	10
體操		7	7	8	7
平均		8	9	8	8
教育		8	7	8	8
判定					及
主任檢印					
保證人又ハ親權者印					

▲金子の通知簿（古関裕而記念館蔵）

価で平均は8と成績が良かったことがわかります。特に国語と音楽はともに10と非常に優れていました。ただ、よくみると英語は3学期8ですが、1・2学期と平均の数字が消されています。おそらく不本意な成績を残したくなかったのでしょう。勝ち気な性格を表す資料といえます。

▲豊橋市立高等女学校の卒業アルバム
（豊橋東高等学校蔵）

オペラ歌手を志す

「高女」は、芸術や文芸に力を入れた教育をしていた学校としても知られていました。昭和2（1927）年からは名士音楽会が年に数回開催され、在籍中にはプロの声楽家やピアニストが出演しました。プロの音楽を聴くことで、金子は影響を受けたものと思われます。

また3年生のときに、貴族院議員で東北・京都帝大総長を歴任し、成城学園創設者の澤柳政太郎博士の講演が学校でありました。この講演で「所求第一義＝求むるところ第一義」という考え方、「子供の個性を尊重し、育

▲澤柳政太郎

てて生かし、自分が求めることを第一に優先する」「画一的教育は国を亡ぼす」という話を聞き、金子はたいへん感動しました。そして、自分はオペラ歌手になって自立しようと志しました。

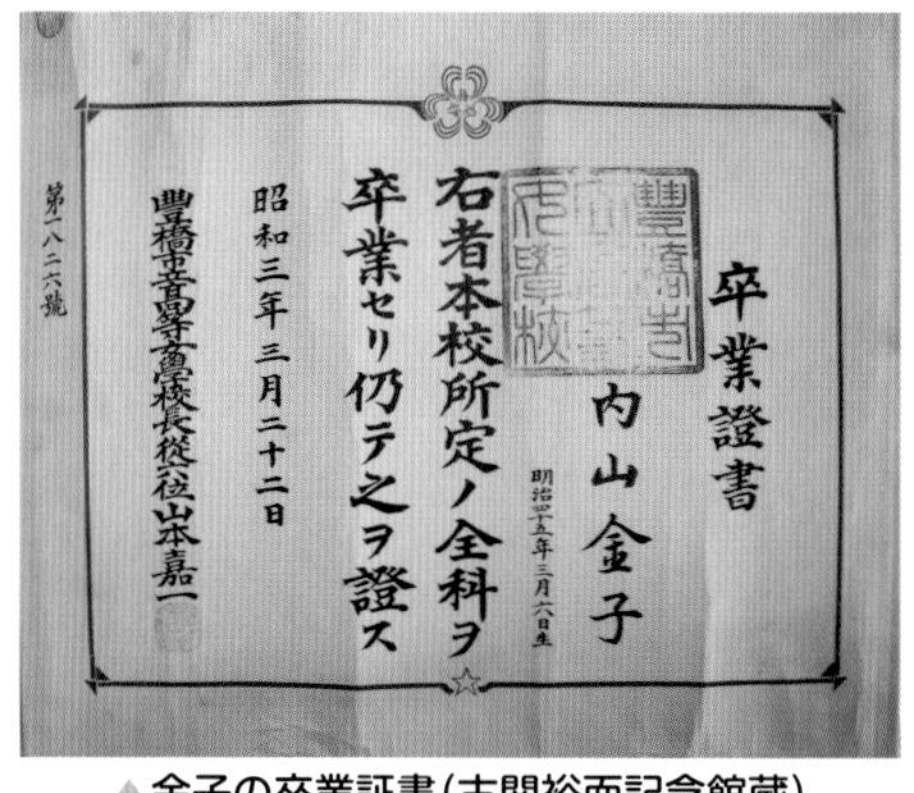

卒業證書

内山金子

明治四十五年三月六日生

右者本校所定ノ全科ヲ卒業セリ仍テ之ヲ證ス

昭和三年三月二十二日

豊橋市高等女學校長従六位山本嘉一

第一八二六號

▲金子の卒業証書（古関裕而記念館蔵）

高女卒業

金子は、昭和3（1928）年3月に高等女学校を卒業しました。芸術家タイプだった金子は、在籍中に音楽では宝塚や音楽学校、文芸では日本女子大学国文科への進学を考えていました。しかし、実際には音楽や文芸の学校へ進学することはありませんでした。

▲金子の学年の本科第 24 回卒業写真（豊橋東高等学校蔵）

コラム

豊橋市立高等女学校の先進性

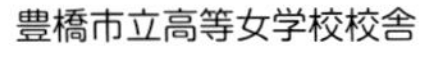
豊橋市立高等女学校校舎

高女の教育

良妻賢母を育てる女学校でしたが、高女の校訓は「自立、誠実、謙譲」であり、自立の精神をあげていました。一般授業は、国語をはじめ、数学、英語、理科、社会がありました。

授業のようす

バスケットボール

剣道

体育は、体操や剣道、弓道、陸上競技、卓球、バレーボール、バスケットボール、テニスなどの球技が行われました。

家庭科は良妻賢母養成のため重視されていました。家事は3年生から家内整理、家事衛生、飲食物調理、調理実習が行われました。4年生以上になると、育児、養老、看病、家事経済、簿記などの内容が加わりました。また裁縫も普通衣類、ミシン使用法など多くの時間を割いていました。

茶道実習

調理実習

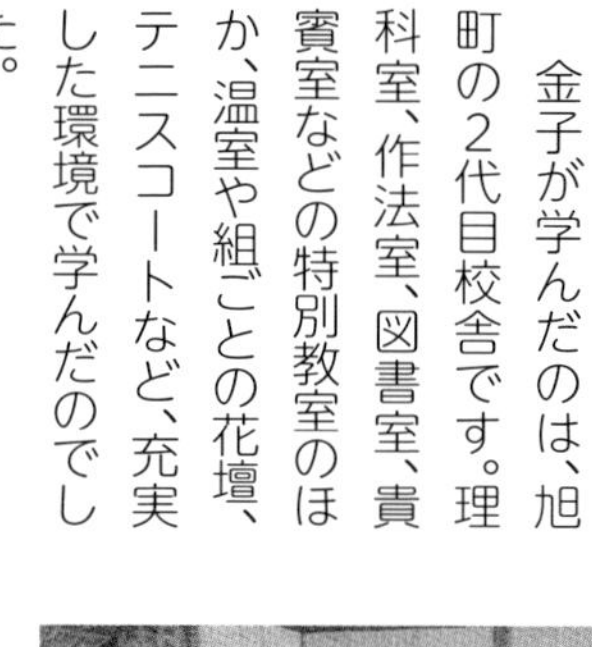

高女の施設

金子が学んだのは、旭町の2代目校舎です。理科室、作法室、図書室、貴賓室などの特別教室のほか、温室や組ごとの花壇、テニスコートなど、充実した環境で学んだのでした。

理科室

貴賓室

図書室

テニスコート

温室

さまざまな取り組み

高女では学業以外にさまざまな取り組みがなされていました。運動と学芸が重視され、プロの音楽家を招いた名士音楽会や幅広い分野から講師を招いた講演会など、レベルの高い内容で、金子に大きな影響を与えていました。

運動では、本格的な登山や臨海学校がありました。また、女子らしいひな祭りや花の会などもありました。そのほか、修学旅行や遠足、写生大会などの行事も行われていました。

音楽会：校内音楽会、公開音楽会、連合音楽会、名士音楽会。

学芸会：学術的談話、劇や朗読、各種実験など。

講演会：山室軍平、澤柳政太郎、陸軍将校、海軍将校など。

遠　足：普通遠足、十里遠足。

登山会：富士山、白馬岳、北アルプス縦走。

修学旅行：京都方面、東京方面、広島方面。

臨海学校：西浦海岸。

その他：郊外写生会。

音楽会

富士山登山

修学旅行（鎌倉）

臨海学校（西浦海岸）

名古屋で文芸活動

女性雑誌に興味

豊橋市立高等女学校を卒業したのちの昭和3(1928)年4月、金子は広島市にいた長姉・富子のところへ宮島見学に出かけました。

この年、金子は、ふと書店で雑誌『女人芸術』を見つけました(註：金子の記憶によれば女学生のときとありますが、在籍中は出版されていません)。この雑誌は、「女性進出」に意欲を持っていた女流作家・長谷川時雨が主宰し、後進に発表の場を開くために刊行されたものです。

▲『女人芸術』創刊号

金子は、女性だけで立派な文芸誌を刊行したことに驚き、直感的に女性発展のための光明を見出したのです。それから詩を『女人芸術』へ投稿し、入選しました。この機縁で、中部地方の委員に名古屋の矢田津世子(のちの作品「神楽坂」は芥川賞候補)と共に選ばれ、文芸活動に力を入れはじめました。

満州の兄の元へ

同年12月、満州に渡った兄・勝英を大連まで訪ねました。兄とは11歳も離れていたため可愛がられ、大連へは兄嫁に連れていってもらいました。兄は父の死後、家長となりましたが豊橋を離れて中国の満州で事業を起こし、フォード・モーターズ大連支店の副支店長として、自動車を扱う仕事をしていました。

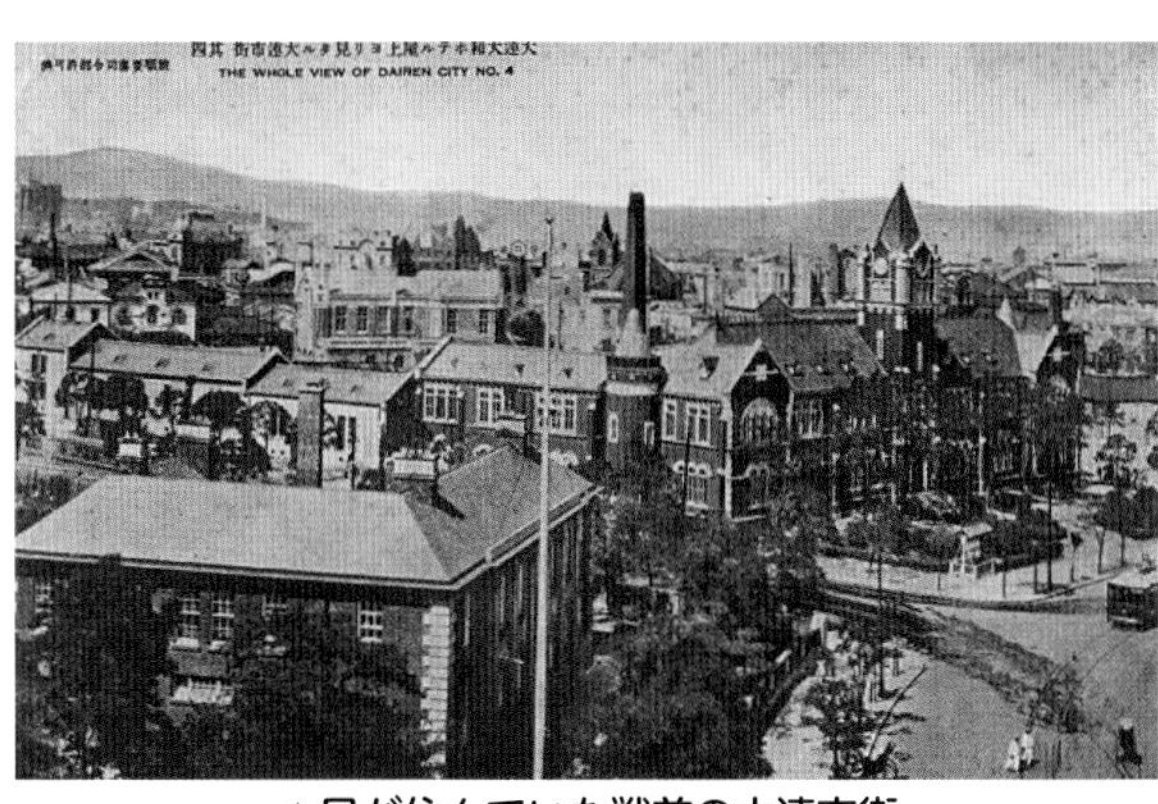

▲兄が住んでいた戦前の大連市街

結局、半年間も兄の家で遊び過ごしましたが、大連では夢のようなブルジョア生活でした。昭和4(1929)年6月に当時東洋一といわれた大連港の大埠頭から客船「ばいかる丸」に乗って帰途につきました。

客船の座礁

金子の乗った「ばいかる丸」は大正10(1921)年に進水し、トリスウイスキーのキャラクターを描いた柳原良平によって同名の絵本となった有名な船です。ちょうど朝鮮の木浦沖を航行中の11日、「ばいかる丸」が濃霧のため座礁するという事故に遭いました。浸水しているなか、乗客では牧師と金子のみが最後まで踏みとどまり、老人、子どもらが縄ばしごからボートに乗り移る手伝いをしました。近くの漁場から白衣の朝鮮の漁師が救助に来てくれ、数時間後に日本の貨物船「長成丸」に乗り移って仁川港に入り、京城(ソウル)見学後に釜山まで陸路を伝い、釜山から神戸経由で帰国しました。

▲東洋一といわれた戦前の大連港の大埠頭

▲ばいかる丸

出会いと求婚

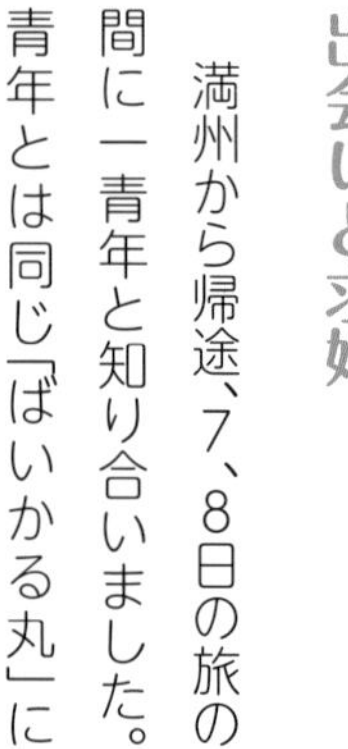

満州から帰途、7、8日の旅の間に一青年と知り合いました。青年とは同じ「ばいかる丸」に乗っていました。帰郷後、1か月ぐらいして、その青年が手紙で結婚を申し込んできました。しかし、金子は返事を出しませんでした。なぜなら、船が座礁したとき、背広を着た若者たちが我先に逃げ出して海に飛び込みましたが、彼がその恥ずべきエゴイストのなかの一人であったからだと想い出を記しています。

女人芸術の活動

昭和4（1929）年夏〜秋頃、『女人芸術』主催の「女性講演会」が名古屋の南園町にあった御園座で開催されました。金子は2時間かけて豊橋から講演会の手伝いに駆けつけました。主宰の長谷川時雨は上品な方で、駆けつけたことを大変喜んで、講演のなかで「わざわざ豊橋から来てくれた同志もある。」と紹介してくれたそうです。

▲御園座（竣工当時）

会の最後に全員で山田耕筰作曲の「女性行進曲」を合唱しました。声楽家志望の金子に、長谷川は「あなた、まんなかでしっかり唱って下さいね。」と気をつかって声をかけてくれました。金子は、男尊女卑の封建制をつき破る想いで、そうそうたる女性メンバーと共に高らかに若い声を張り上げたのでした。

▲金子 17歳頃
提供：古関正裕氏

編集手伝い

昭和5（1930）年3月29日、懇意にしていた健康第一会主幹の村田繁蔵が名古屋からやってきて、会のニュース編集を金子に頼みました。健康第一会とは、政府の補助をうけて女工の健康のために各工場をまわって講演し、いろいろなニューズレターを発行している団体でした。さらにこの会には音楽部があり、講師のピアニスト小股久について習ってよいとのことでした。仕事は編集と村田の講演のお供、時々小股らと音楽会をするという内容でした。金子は、豊橋を離れて名古屋で独り立ちすることを決め、4月1日から鶴舞公園近くの村田の事務所兼自宅に住み込み、編集手伝いをはじめました。同時に、歌の勉強にも取りかかりました。

▲戦前の鶴舞公園と公会堂

コラム

名古屋の活動拠点

名古屋で仕事

今まで金子が名古屋で活動していた拠点は知られていませんでした。しかし、金子が裕而に手紙を出したのは帝国文化協会支社の封筒で、裏に住所が書いてありました。帝国文化協会は東京市麹町区永楽町に本部があり、出版などを手がけていた協会です。村田繁蔵が支社を引き受けたので、村田の自宅が支社となっていたのでした。

のちに村田は、健康第一会を運営したので帝国文化協会支社の封筒が不要となりました。それで、金子は裕而にあてた手紙を入れる封筒として利用しました。

名古屋の住所

金子は村田の自宅に住み込んで働いていたので、事務所の住所が自宅になります。封筒には「名古屋市中区御器所町北市場 番地 （消防署南）」と住所が印刷されており、手書きで「村田（繁蔵）方」と加えられていました。ここが金子が住み込んで働いていた事務所兼村田宅です。

名古屋での生活

金子が名古屋で過ごしていたようすは、少しだけですが裕而にあてた手紙に記されていました。

村田の家は鶴舞公園から700mほど南の高台にあり、金子の部屋は2階だったので、鶴舞公園の夜桜がよくみえて美しかったそうです。金子の仕事は、雑誌の発送や原稿編集などを村田らと3人の作業だったので大忙しでした。村田は金子の働きぶりが気に入り、し

金子が裕而に出した封筒

金子が名古屋で住んでいた場所

きりに「一生この仕事を手伝ってくれないか。」と言うので、返答に困りました。また、各工場を訪問して演奏会を開催するなど、忙しい日々を送りました。

通った鶴舞公園

金子は鶴舞公園の奏楽堂へよく行ったようで、奏楽堂のベンチに座って音楽という気分を味わっていたとのことでした。そして、いつか裕而がこの奏楽堂で作品を演奏することを想像していました。

小さな男の子たちの子守りもしていたので、この公園に遊びに連れてきたときは、小さな楽譜集をもって、声楽の練習もしていました。そのほか健康第一会講師のピアニストの小股久からもレッスンを受け、音楽の勉強をしました。

この鶴舞公園内にはりっぱな公会堂がありました。金子は公会堂で行われた音楽会へも行き、「白銀のソプラノ」として世界的に有名な荻野綾子と新交響楽団のリサイタルへも参加し、感性を磨いていました。名古屋での金子の生活は、音楽との接点が多い有意義なものでした。

また、4月に出した裕而への手紙には、当地に来るときは名古屋へ来てほしいということと、そのときには事務所では不都合なので、直前に連絡する旨を伝えると書いてありました。たった1、2か月ですが、名古屋が金子の重要な活動拠点となっていたのでした。

鶴舞公園の奏楽堂

運命の出会い

英國で當選した
わが天才作曲家
「竹取の翁」で二等に
渡英せよと旅費まで届く

株式會社
名古屋銀行

▲古関裕而の受賞を伝えた記事（名古屋新聞）

福島の青年の国際コンクール受賞を知る

昭和5（1930）年1月23日の新聞に、古関裕而（本名：勇治）が作曲した舞踊組曲「竹取の翁（竹取物語）」が、ロンドンのチェスター楽譜出版社の作曲コンクールで2等入選との記事が載りました。しかもこの曲は、日本のかぐや姫の誕生から昇天までの物語を5つの楽器を使ってオーケストラに作曲したものでした。

裕而へ手紙を送る

豊橋の実家に住んでいた金子は、新聞を読んで、自分が学芸会で演じたかぐや姫の曲と知って興奮し、その行動力から「楽譜を送ってほしい」と手紙を裕而に出します。

このとき金子が記事をみたのはどの新聞でしょうか。当時豊橋で発行していた地元の新聞には、新朝報、参陽新報、豊橋日日、豊橋新報、東海朝日、豊橋大衆の6紙がありました。これらを調べてみましたが、記事は載っていませんでした。豊橋で読むことができた全国紙では時事新報、大阪毎日、大阪朝日がありましたがこれらにも記事はなく、地方紙の名古屋新聞（現中日新聞）にのみ裕而の記事が載っており、これを読んだものと推測されます。

　さて、裕而のもとには全国から手紙が来ていました。なかでも金子の手紙が一番印象的だったので、裕而は返事を書き、音楽を主題としてお互いの気持ちを素直に記したやりとりがはじまりました。

往復書簡

古関家にはこのときにやりとりした手紙・ハガキが46通残されています。これは裕而が保管していたもので、死後に開けるように長女に託されていました。金子が持っていたものは夫婦げんかしたときに燃やしてしまい残っていないそうです。金子が最初に出した手紙も残されていません。

　それでは、残された手紙を時系列でみましょう。2月のものが最も古く、手紙は両面が小さな文字で埋め尽くされ、音楽、芸術や自分のことが書かれています。初期のものは、宛名が書かれていないものが多く、あっても前に「親友」「私の親愛なる」という言葉がたまにみられる程度でした。

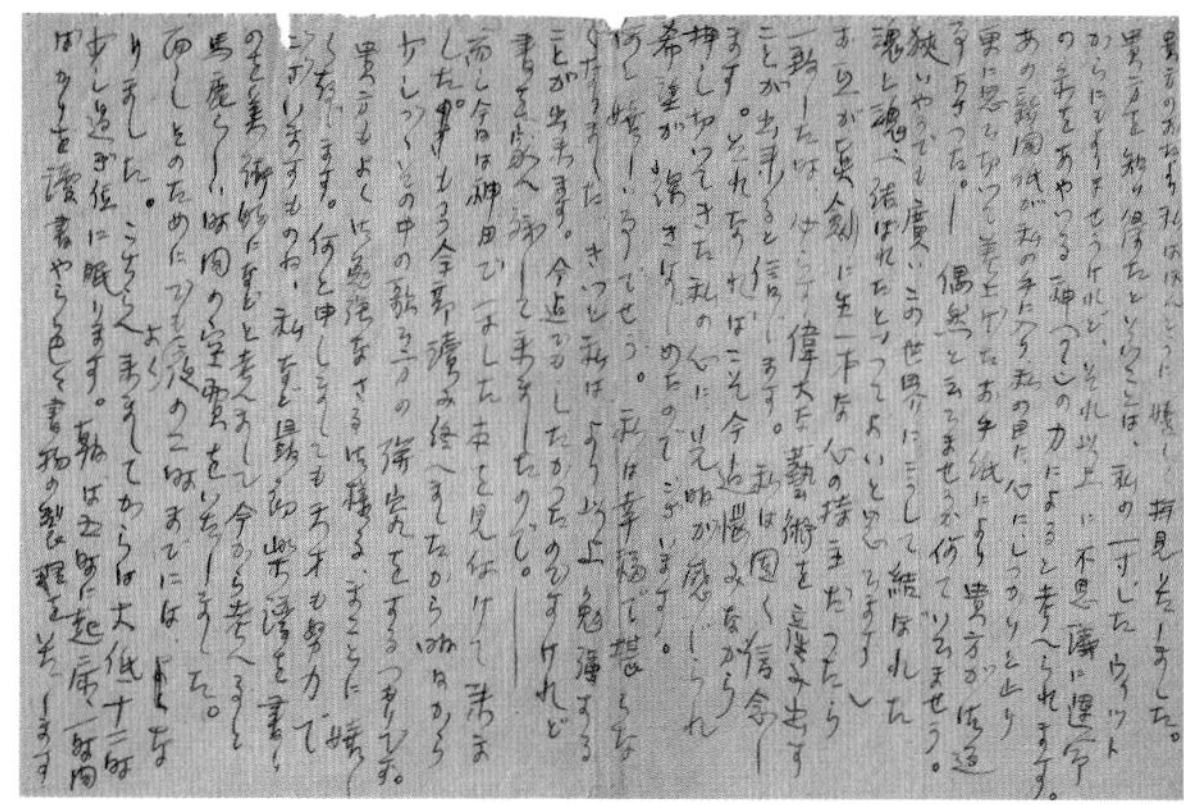

▲裕而へ出した金子の初期の手紙（2月）　提供：古関正裕氏

ところが4月になると、宛名の前に「私の最も慕ふる」「私の生命」「真実に愛する」「私の大切な」「愛しい恋しい」「偉大なる私の恋人」という言葉がつけられ、恋愛感情が生まれました。特に4月5日に裕而が送った春を喜ぶ手紙には、赤いハートや音符が描かれ、金子もそれに応えて赤いハートを描いています。

やがて5月になると、宛名の前に「私の私の大切な恋しくてしやうがない」「恋人以上の恋人」「会いたくてたまらない私の恋人」「私の真実な愛を捧ぐる」という相手を想う気持ちを書くようになります。5月13日、あまりにも白熱した内容に裕而は「私達二人は極度に恋し合つてます。激げし過ぎます。今少し

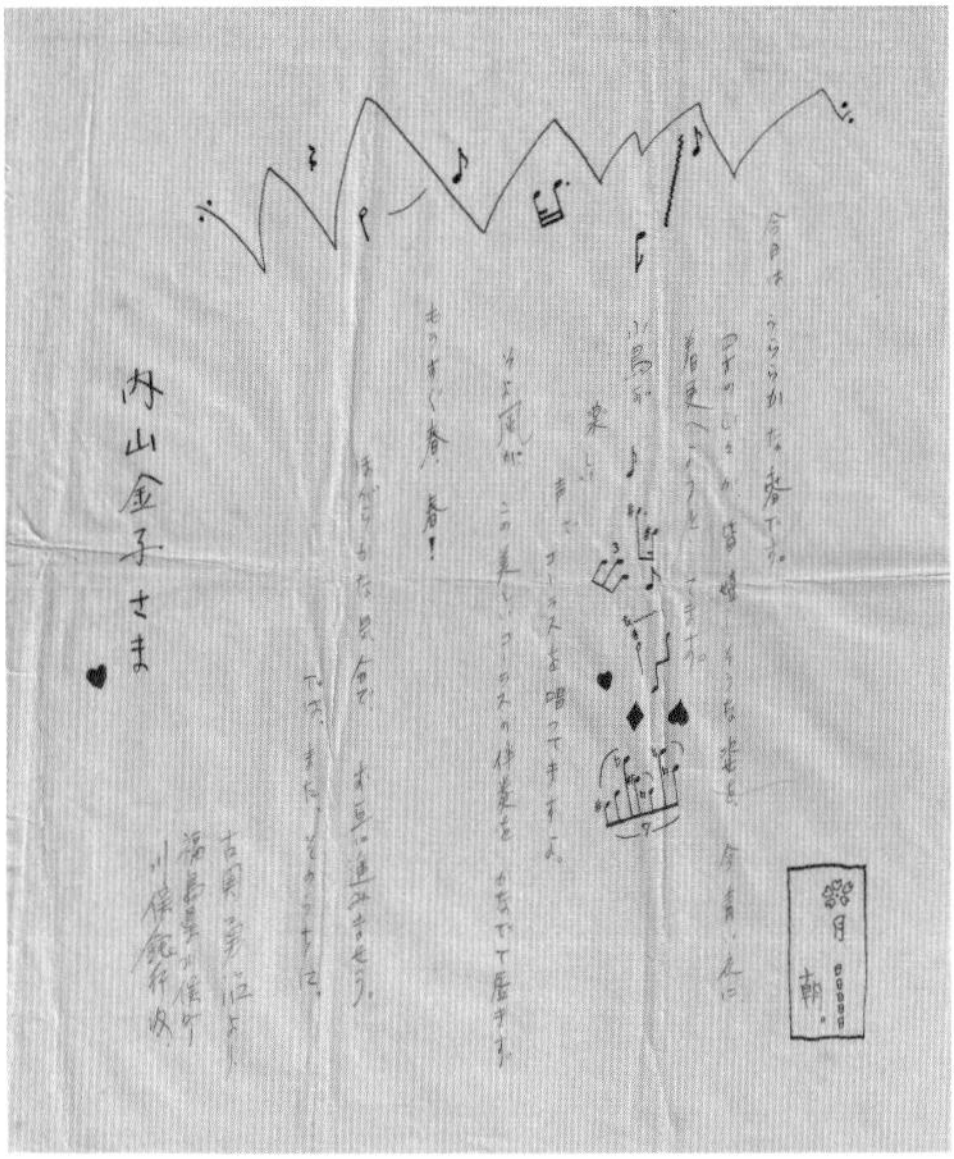
内山金子さま

▲金子へ出した裕而の手紙（４月５日）
提供：古関正裕氏

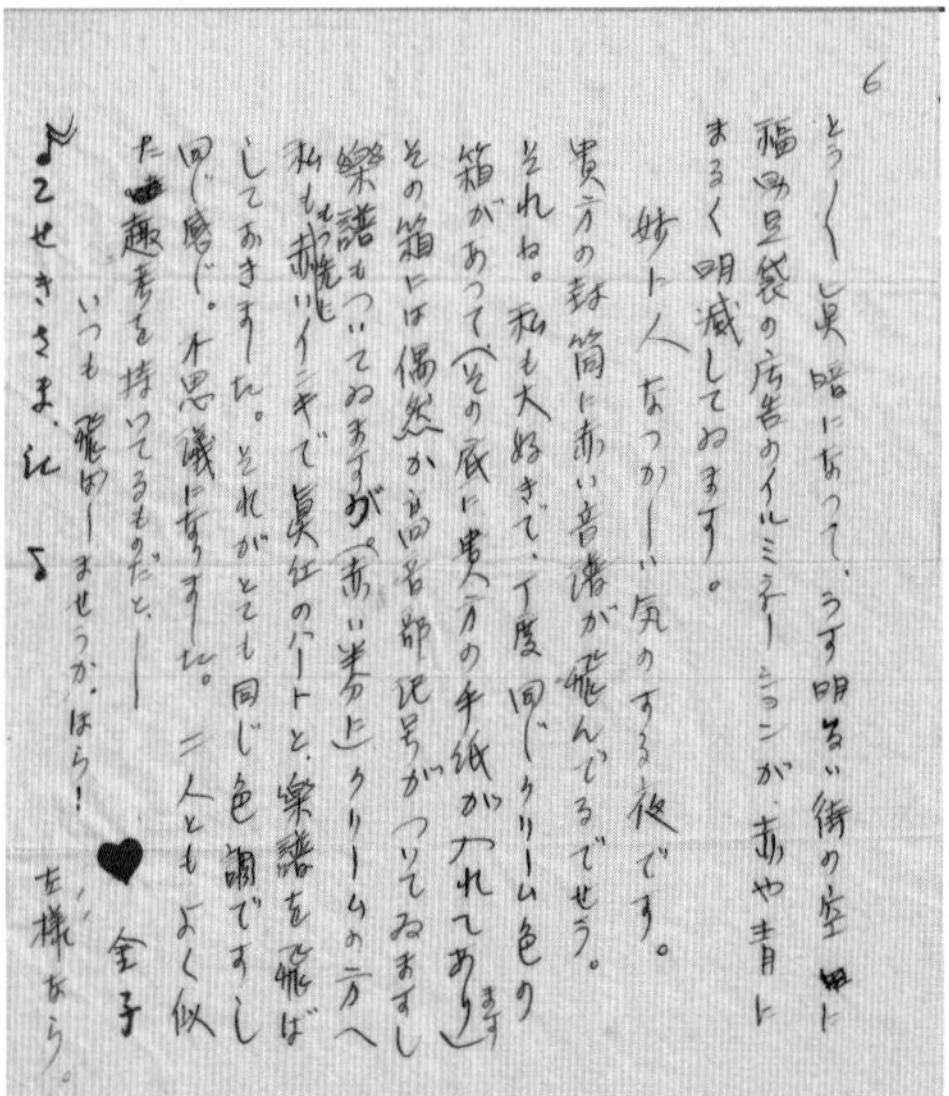
6
とう／＼真暗になって、うす明るい街の空一面に
福田呉服の広告のイルミネーションが、赤や青に
まるく明滅してゐます。
妙に人なつかしい気のする夜です。
貴方の封筒に赤い音譜が飛んでるでせう。
それね。私も大好きで、丁度同じクリーム色の
箱があって（その底に貴方の手紙が入れてあります）
その箱には偶然か高音部記号がついてゐますし
楽譜もついてゐますが（赤い墨で）クリームの方へ
私ももう一つ赤いインキで真紅のハートと、楽譜を飛ば
しておきました。それがとても同じ色調ですし
同じ感じ。不思議になりました。二人ともよく似
た趣味を持ってるものだと、――
いつも飛ばしませうか。ほら！
こせきさま
金子
左様なら。

▲裕而へ出した金子の手紙（４月）
提供：古関正裕氏

落着きませう。」と冷静になるように金子に呼びかけました。

このように3、4か月にわたり手紙のみの交際を続け、恋愛に発展した2人ですが、裕而は金子のために何曲かつくり、金子自身がつくった「君はるか」という詩に曲をつけています。

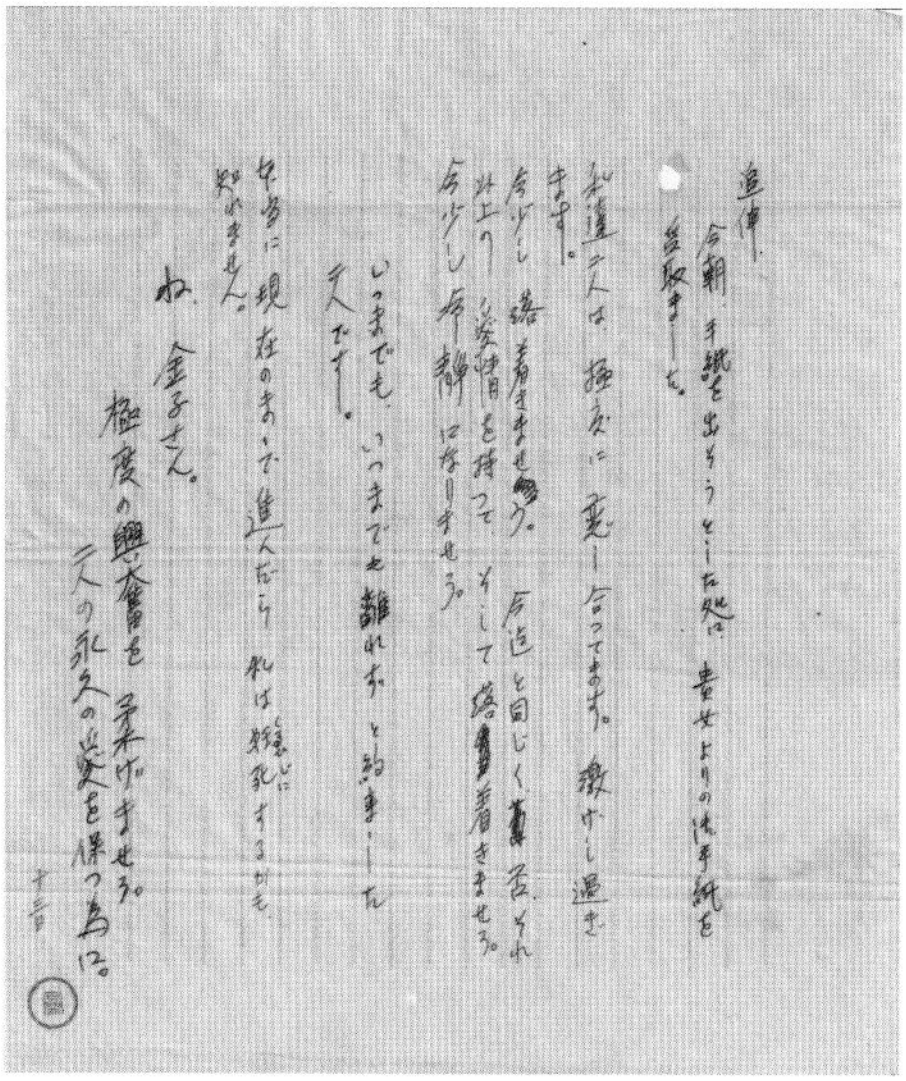
追伸
今朝 手紙を出そうとした処に 貴女よりの御手紙を
拝受しました。
私達二人は 極度に 恋し合って居ます。 激しし過ぎ
ます。
今少し 落着きませう。 今迄と同じく 否 それ
以上の 愛情を持って そして 落着きませう。
今少し 冷静になりませう。
いつまでも いつまでも 離れずと 約束しました
二人です。
本当に 現在のまゝで 進んだら 私は 精神に 錯乱するかも
知れません。
ね、金子さん。
極度の興奮を 柔げませう。
二人の永久の愛を保つ為に。
古関

▲金子へ出した裕而の手紙（5月13日）
提供：古関正裕氏

裕而が金子を訪ねる

昭和5（1930）年5月下旬（26日説あり）、裕而が20歳、金子が18歳のとき、裕而は金子に会いにはるばる名古屋まで来ました（刑部芳則氏ご教示）。裕而は金子の住み込み先の村田家を訪ねました。このとき、2人ははじめて対面したと考えられます。

金子は、村田の妻に「ちょっと出かけて来ます。」といって裕而と一緒に出たまま帰らなかったので、村田家では実家に電話して消息を尋ねました。これを聞いて、内山家では大騒動になってしまいました。2、3日後に金子から実家に電話があり、「裕而が福島から会いに家出してきた。」という事実を知りました。

このとき2人は、名鉄の柳橋駅から電車に乗り、犬山を通って今渡が起点の木曽川下りへ旅行に出かけています（29日説あり）。裕而は、このときのことをもとに「木曽川を下る」を作曲しています。また後年、これが新婚旅行だったと回想しています。

その後、金子は裕而と一緒に豊橋の実家に帰り、母や姉妹に裕而を紹介しました。裕而は実家に1か月近く滞在し、2人は福島へ旅立ちました。

コラム

金子が読んだ新聞

記事掲載の背景

古関裕而が国際コンクールに入賞したことが新聞記事になったのは、裕而の福島商業学校時代の恩師、丹治嘉市にあてた手紙がきっかけでした。このことについては、国分義司が調査して詳しく述べています（国分・ギボンズ2014）。

丹治が受け取った裕而からの手紙（昭和4年12月8日付）には、ロンドンのチェスター楽譜出版社の管弦楽作品の懸賞応募に5曲応募したところ、5曲とも二等に入選したことが書かれていました。さらに配下の作曲協会の会員になり、協会から400ポンド送金されてきたこと、翌年の7月頃に英国コロムビアレコードからレコード化されることなどを記し、このことを絶対秘密にする旨が書かれていました。しかし、この内容が昭和5（1930）年1月23日に福島を中心に広く報道されたのでした。

報道された内容

記事は、地元福島では福島民友、福島民報、福島毎日の3紙に大きく載りました。福島民報新聞の記事をみると、学生服姿の古関裕而と楽譜の写真が掲載され、受賞の事実に加え、裕而の生いたちや性格など詳しく報道されていました。

報道された範囲

裕而の受賞記事は、1月23日に一斉に各紙に掲載され、東京日日、読売など東京の新聞にも載りました。

それでは、金子が記事を読んだ新聞は、どの新聞でしょうか？

国分は金子が名古屋で販売された新聞を読んだとして中央紙の関西版である大阪毎日をあげ、朝日新聞には記事はなかったとしています。国分の著書によって、いつしか金子が読んだ新聞は、大阪毎日というのが定説になっていました。

市内一青年の作曲が
認められて世界の舞臺へ
懸賞募集が縁となり
應募曲は「竹取の翁」
學生時代から天才の冴え
近く日比谷で公演
當人は大の內氣
叱られ〳〵作曲
古關君とその曲譜
小橋氏の處置
いまだ決定せず
郡山市會
通常總會

古関裕而の受賞を知らせる福島民報新聞の記事

記事掲載の検証

本文にも書いたように、豊橋の新聞6紙と全国紙の3紙、時事新報、大阪朝日、特に載っていたとされた大阪毎日にも裕而受賞の記事はありませんでした。ところが、地方紙の名古屋新聞（現中日新聞）にのみ裕而の記事が載っていたのです。

このことから、金子が読んだ新聞を追っていた中日新聞の斎藤徹記者は「古関夫妻出会いは本紙？」という記事（令和2年6月24日付夕刊）を書いています。確かに当時豊橋に住んでいた金子が唯一載っていた名古屋新聞を読んだというのは、妥当な解釈です。

ただ、ここで新たな疑問が生じました。関西系の大手新聞が一切扱わないなか、地方紙の名古屋新聞が裕而の記事をなぜ解禁日に載せたのかということです。その答えは、いまだわかっていません。

福島へ、裕而と結婚

▲古関裕而（左）と弟（右）と子守たち　提供：古関正裕氏

裕而の住む福島

古関裕而は、明治43（1910）年8月11日に福島市大町の呉服屋「喜多三（きたさん）」当主の父・三郎次、母・ヒサの長男として誕生しました。裕而には弟の弘之がおり、2人だけの兄弟でした。

喜多三は市内でも有数の老舗呉服屋でしたが、裕而が13歳の頃に廃業し、のちに新町へ転居して「喜多三商店」としてモスリン（毛織物）を販売していました。

父は音楽が好きで、蓄音機を購入して店でいつも音楽を流していました。また、音楽好きの小学校教師遠藤喜美治の授業では、自分で童謡の曲をつくりました。裕而は、幼少の頃から音楽に恵まれた環境で育ち、やがて独学で作曲家の道を志したのでした。

▲呉服屋「喜多三」　提供：古関正裕氏

川俣銀行勤務

母・ヒサの実家の武藤家は、川俣町で味噌・醤油の醸造業を営む資産家でした。母の兄・茂平は貴族院議員で、川俣銀行の頭取をしていました。昭和3（1928）年、裕而は福島商業学校卒業後、伯父・茂平が経営する川俣銀行に勤務し、家業を継ぎませんでした。チェスター国際コンクールに応募したのは、川俣銀行時代でした。

▲呉服屋「喜多三」の店内
提供：古関正裕氏

福島で結婚

昭和5（1930）年6月中頃、豊橋の実家に滞在していた金子と裕而は、2人で豊橋を出発して福島へ行き、新町の「喜多三商店」で一緒に暮らしました。2人は、わずか3、4か月ほどの文通のみで結婚を決めたのでした。裕而20歳、金子18歳のときでした。

福島の生活

古関夫妻の福島での生活のようすはよくわかっていません。すぐに日本コロムビアの専属作曲家として東京へ行くことになるので、実際にはわずか3か月ぐらいしか福島には住んでいませんでした。

▲古関裕而　20歳
提供：古関正裕氏

ただ、福島ビルで開催された画家・竹久夢二の個展を夫妻で見学したという記録が残っています。その際、裕而は夢二に妻の金子を紹介しました。夢二は静かな声で自分の制作した人形の説明をし、壁から扇子を1本はずし、金子へ渡しました。その扇子には、「すかんぽの酸きをかめばたらちねの母をぞしのべ伊香保の山に」と母をしのぶ内容の短歌が書き記されていました。金子は、豊橋から嫁ぎ、まだ母恋しい年頃なのをくみ取って扇子をくれたのだと思い、「芸術的な深い瞳でやさしい方ね。」と感激していたそうです。

▲金子　19歳
提供：古関正裕氏

コラム

結婚式の謎

結婚式は挙げたのか

ほとんどの本では、昭和5（1930）年5月末に裕而が豊橋に会いに来て、そのまま金子と福島に行き、6月1日に結婚式（祝言）を挙げたことになっています。そうだとすれば、5月29日は犬山にいたという説があるので、30・31日に汽車で移動して福島につき、翌日に親戚を集めて結婚式を挙げるというハードなスケジュールになります。本当に結婚式を挙げたのか、私はずっと疑問に思っていました。

当時の鉄道事情

当時は、東海道線など鉄道省管轄の列車は電化されておらず、蒸気機関車がけん引していました。しかし、列車がちょうど高速化した時期にあたり、昭和4（1929）年9月には特急「富士」「桜」が誕生し、東京～名古屋間を約6時間で結んでいました。

福島帰郷の検証

実際に昭和5年の汽車時間表をみながら、裕而と金子の福島への帰路を考えてみます。たとえば、犬山から直接福島に帰ったとして考えてみます。犬山から9時に出て名古屋鉄道に乗ったと仮定すると、名古屋までは約50分かかります。名古屋からは、最も早い時間の10時42分発の特急「桜」に乗ったとすると、16時40分に東京駅に着きます。

特急「桜」

東京駅からは東北本線に乗るために山手線(7分乗車)で上野駅まで行きます。当時、東北本線には特急がなかったので、上野から乗車時間が一番短い19時10分発の列車に乗ります。この列車では、福島へは翌日、31日の1時58分着と深夜に着くことができます。これが最短の行程ですが、かなりハードな行程なので、途中で1泊し、翌日ゆっくり帰ったと考えるのが無難ではないでしょうか。

戦前の福島駅

古関家の受入体制

　たとえば、31日に福島に着いたとしても、翌日に結婚式を挙げるには、あまりにも時間がなさすぎます。

　当時の結婚式は自宅で行うのが一般的なので、式場をおさえる必要はありませんが、問題は参列者です。普及率が低かった電話や電報で、29日に裕而から古関家へ結婚の報告があったと仮定しても、親族に結婚式を連絡するのに2日しかありません。周辺にいる親族に連絡はとれますが、ごく少数の出席者しか集まれませんし、ましてや新婦側の内山家は出席できません。

　しかも福島で老舗の古関家、特に川俣の名家出身の母・ヒサは、裕而がいきなり見ず知らずの女性を連れてきて受け入れたのか、古関家が結婚式を本当に挙げたのか疑問が深まりました。

結婚式はなかった

　私は、古関家が金子を嫁として受け入れるのには時間がかかり、結婚式は6月1日に挙げられなかったものと推測しました。この疑問を長男の古関正裕氏にお聞きしたところ、戸籍上では昭和6(1931)年2月9日の入籍で、この日に古関金子と正式になりました。また、1年後の昭和6年5月19日に結婚式を福島で挙げたとのことでした。つまり、愛知から帰郷してすぐに結婚式は挙げなかったのが事実でした。

実際は、名古屋で会ってから豊橋の実家に滞在し、音楽会を開いています。福島に行く途中に東京で数日を過ごし、東京にいた金子の長姉・富子や裕而の従兄を互いに紹介していたそうです。

姉の清子によると、豊橋の実家に裕而は1か月近くいました。2人が結婚するというので、福島から父・古関三郎次が豊橋の内山家を慌てて訪ねてきたとのことです。

古関家の嫁

裕而について福島に行った金子は、新町にあった喜多三商店で一緒に暮らします。これが事実上の結婚といえます。ただ、福島の家では裕而の両親と3か月ほど一緒に暮らしたのみで、9月には、専属作曲家となるため上京してしまいます。

結婚式を挙げる

東京に住んでいた裕而と金子は、昭和6(1931)年5月19日に福島で結婚式を挙げました。このとき、金子のお腹には妊娠4か月目の長女がいました。おそらく、長女が生まれる前に式を挙げて披露したのでしょう。つまり、今でいう「できちゃった婚」で、ようやく古関家の嫁として認められたのではないのでしょうか。

新婚時代の裕而と金子
提供：古関正裕氏

上京、声楽を学ぶ

▲代田新居付近の裕而と金子　昭和６年
提供：古関正裕氏

日本コロムビア専属作曲家の依頼

昭和5（1930）年の夏、福島に暮らしていた裕而のもとへ、日本コロムビアから専属の作曲家になって欲しいと連絡がありました。そして専属の話は、日本近代音楽の父といわれた山田耕筰の推薦であったことを知りました。裕而は金子と相談し、山田耕筰と会える点と金子が声楽の勉強をしたがっていた点から、すぐに上京することに決めました。

東京で生活

9月に上京した古関夫妻は、金子の長姉(中島富子)夫妻が住む東京阿佐ヶ谷の家に間借りしました。阿佐ヶ谷の家は、2月に富子が肺炎になったときに1週間ぐらい看病のため滞在した家でした。

10月、裕而が正式に日本コロムビアの専属作曲家になると、夫妻は阿佐ヶ谷の家を離れ、帝国音楽学校がある世田谷代田に居を構えました。これより古関夫妻は、この代田を離れることはなく、生涯で3回も家をかえて住み続けました。

▲帝国音楽学校集合写真　提供：古関正裕氏

新婚時代

古関夫妻の新婚時代のことはよくわかっていません。ただ、裕而が「金子ちゃん、今年も仲良くしようね。」と年賀状に書いて、わざわざポストまで出しに行き、元旦に届くまで一人でニタリニタリしていたという、いたずらのエピソードが知られています。

音楽活動を再開

裕而と文通をしていた昭和5(1930)年3月16日、自分の声楽家としての実力に不安を感じていた金子は、東京の作曲家中山晋平を訪ね、声質などについて尋ねました。中山晋平は、大正から昭和の前半にかけて、「東京音頭」などの歌謡曲や「シャボン玉」などの童謡の名曲

▲中山晋平

を数多く作った作曲家です。晋平は「声の質良し、量あり」といい、「勉強したら必ず将来相当になれる。」とお墨付きをもらいました。金子は「死に物狂いでおやりなさい、石にかじりついても、という心で」と晋平から助言を受けました。しかし、金銭的理由から東京に移住して勉強をすることができず、金子はあきらめていました。

ところが夫妻で上京したことから、声楽家としての活動を再開します。当時、東京の楽壇では、日本初のプロ合唱団として知られたヴォーカル・フォア合唱団が活躍していました。この合唱団には、慶應大学生の裕而の従兄・今泉正が所属していたことから、夫妻でこのヴォーカル・フォア合唱団へ通い、9月に金子が入団し、ソプラノを歌っていました。

ヴォーカル・フォアの合唱で、金子は愛宕山のNHK放送局からはじめて独唱放送をしたことがありました。このとき、金子は出演料を寄付して全員で横浜に遊びに行きました。とある丘で、団員たちは即興でオペラ「カルメン」を演じました。当時団員だった芸人の坊屋三郎が金子の羽織を脱がせて裏返し、闘牛士になったり、さらに全員でカルメンを合唱し、野外劇を行って楽しみました。

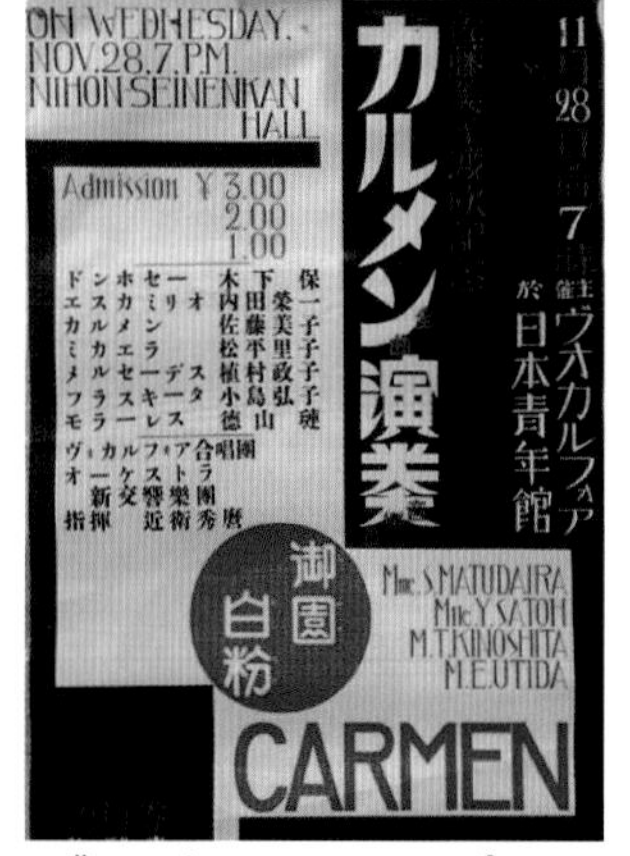

▲ヴォーカル・フォアのポスター
※金子出演時のものではありません

帝国音楽学校で学ぶ

世田谷代田には、昭和2(1927)年に設立された帝国音楽学校がありました。音楽学校進学を希望していた金子は、昭和5(1930)年10月に帝国音楽学校へ編入しました。この音楽学校には本科、予科、高等師範科、師範科、普通科、研究科などがありましたが、金子は声楽部本科へ入りました。学校では、声楽の理論と基礎訓練を積み、歌手としての道をあゆみはじめました。

しかし、昭和7(1932)年に長女・雅子(まさこ)、のちに次女・紀子(みちこ)を出産したため、帝国音楽学校を中退することになりました。

▲世田谷代田で古関夫妻と長女・雅子　昭和8年
提供：古関正裕氏

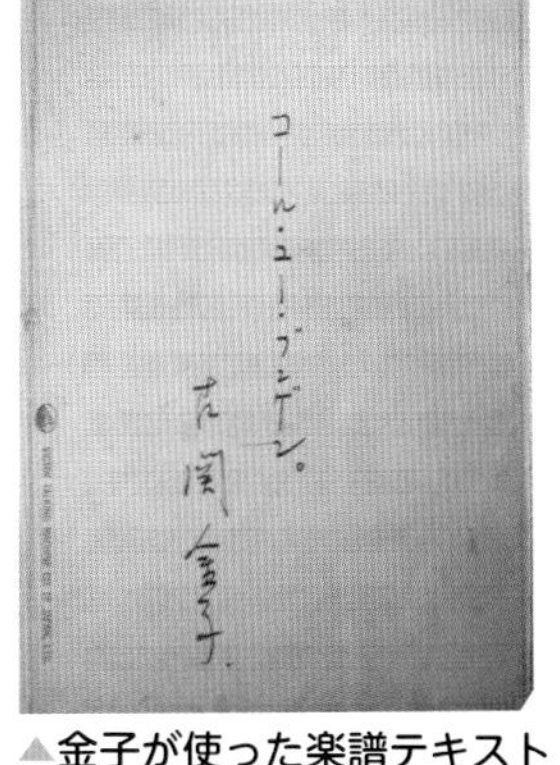

▲金子が使った楽譜テキスト
(古関裕而記念館蔵)

コラム

内山金子のレコード

金子のレコード

金子は、昭和5(1930)年10月から帝国音楽学校で声楽を学んでいて翌年10月に内山金子名でレコードを出しました。また、長女出産後の昭和8(1933)年8月と10月にも内山金子名で出し、全部で4枚のレコードが確認できています。

幻のレコード

昭和6(1931)年10月、金子は日本蓄音機商会の廉価版を扱うヒコーキ・レコードから、「静かな日」と「たんぽぽ日傘」という2曲を出しています。「静かな日」は、作詞は三木露風、作曲は夫である古関裕而、「たんぽぽ日傘」は、作詞は西岡水朗、作曲は古関裕而で、この2曲は1枚のSPレコードの両面に収められています。

帝国音楽学校時代の金子(中央)
提供：古関正裕氏

獨唱

靜かな日
たんぽぽ日傘 (一枚) 内山金子
(七〇六〇五)

知らぬ小鳥よ　聲うれし
窓に來て啼け　夏の日を。
落葉の匂ひ　日に蒸せて
栗の花散る　しづかさよい(靜かな日)

これは先年英國の萬國作曲家協會に竹取物語を提出して二等賞を贏ち得た靑年作曲家古關裕而氏が作曲したもの。歌者は樂壇の假名の新人。御試聽下さい。

「ヒコーキ・レコードの十月新譜解説」
(加藤正義氏蔵)

「ヒコーキ・レコードの十月新譜解説」には、ピアノ伴奏は古荘百合子で、独唱とあることから、ピアノのみで金子が歌っていることが推測できます。「静かな日」の歌詞は、「知らぬ小鳥よ 声うれし 窓に来て啼け 夏の日を。 落葉の匂ひ 日に蒸せて 栗の花散る しづかさよ。」でした。

　また、竹取物語で二等賞をとった古関裕而が作曲し、歌手は楽壇の仮名の新人と説明が書かれています。

　このレコードは古関家にも残っておらず、NHK名古屋放送局のニュース番組「まるっと!」(6月12日放送)などで探していることを呼びかけましたが、未だにみつかっていません。幻のレコードといえます。

月の砂山

　そのほか、金子が出したレコードは、昭和8(1933)年8月にコロムビアの大衆盤リーガルレコードから出た、流行唄「月の砂山」があります。作詞は久保田宵二(しょうじ)、作曲は古池正大(まさひろ)です。

児童劇のレコード

　尾張旭市の加藤正義氏はビクタージュニア・レコードの児童劇、田中ナナ作・曲「坊やよ、ねむれ」の歌詞を持っています。

　これは昭和8(1933)年8月にビクターからレコード化された児童向けの歌劇で、坊や役は岡田信夫、お母さん役は内山金子が務めています。金子は、「音楽人」と紹介されています。

　また、同年10月に同じビクターから児童劇、作詞は田中ナナ、作曲は齋藤佳三の「兎」(上・下)が両面に録音されて出ています。金子は「鳩の宮児童劇団員」として参加しています。

SPレコード「月の砂山」
(加藤正義氏蔵)

▲金子　20 歳　提供：古関正裕氏

長女、次女を出産

帝国音楽学校を出産のため中退した金子については、その後しばらく目立った活動は残されていません。おそらく、長女・雅子、次女・紀子の育児に専念していたものと思われます。

▲雅子のお宮参り
提供：古関正裕氏

夫妻で満州旅行

昭和12（1937）年7月、古関夫妻は神戸から客船「吉林丸」に乗って満州国へ旅行に出かけました。大連で兄夫妻に会い、特急「あじあ号」に乗って奉天まで

▲特急「あじあ号」

行き、そこから妹夫妻がいる首都の新京まで急行で移動しました。しかし、治安が良くなかったので義弟が豊橋出身の警乗兵をつけてくれました。日露戦争で父・安蔵が参戦した旅順も訪れ、

▲旅順水師営で記念写真　提供：古関正裕氏

停戦条約が締結された水師営にも立ち寄っています。大連港から帰るとき、金子はしばらく会えなくなることを予感して、兄と別れのテープを握って泣きました。

▲白玉山頂のロシア軍陣地跡
提供：古関正裕氏

声楽活動を再開

才能があり、声質が評価されていた金子は、昭和12（1937）年に声楽家のベルトラメリ能子（よしこ）に師事し、日本ではめずらしい

▲ベルトラメリ能子（中央）と金子（下段左端）
提供：古関正裕氏

▲日本青年館の舞台で歌う金子　提供：古関正裕氏

ドラマティク・ソプラノとして、一番弟子となりました。金子は、「アイーダ」「トスカ」など、いくつかのオペラに出演しました。昭和14(1939)年、日本青年館で開催のベルトラメリ能子の

▲日本青年館の舞台で記念写真(くろがね会)
右から2人目が金子　提供：古関正裕氏

弟子の会(くろがね会)ではトリを務めて歌っています。

昭和15(1940)年にはディーナ・ノタル・ジャコモに師事し、オペラ、オペレッタの放送に出演しました。翌年には日本青年館で開催の「伊太利歌劇の夕べ」に出演しています。

▲「伊太利歌劇の夕べ」に出演(昭和16年)
左端が金子　提供：古関正裕氏

裕而の従軍

昭和12(1937)年、日中戦争がはじまるころから、戦意高揚のため、裕而に戦時歌謡の作曲依頼が多くなりました。9月に作曲した『露営の歌』は「勝って来るぞと勇ましく…」という歌詞で、裕而が大連から帰って来るときにつくった曲です。レコードは60万枚も売れた大ヒット曲となりました。

▲「露営の歌」碑前の裕而と金子
昭和16年　提供：古関正裕氏

裕而は、翌年に中支派遣軍報道部の依頼で、西条八十らと従軍音楽部隊として上海、南京へ派遣され、合計4回従軍しました。

昭和19（1944）年のインパール作戦従軍では、筆まめの裕而から、便りが届かなくなりました。その不安なとき、金子は重病でベッドに寝ている裕而の夢をみました。翌朝、子どもたちに「お父様は病気よ。みんなで元気で帰るよう祈りましょう。」といい、祈りました。それから、しばらくして届いた手紙には、デング熱という風土病にかかって高熱でベッドに寝た切りだったことが書かれていたので、子どもたちは驚きました。

▲中支従軍　古関裕而（左）と西条八十
提供：古関正裕氏

▲サイゴン慰問　昭和19年
左から2人目が裕而　提供：古関正裕氏

裕而の召集

昭和20（1945）年3月に突然、裕而に召集令状が届きました。軍から依頼されていた「特幹練の歌」を作曲中だったので、手違いの召集でしたが、隣組の人たちに自分のつくった歌で送られ、横須賀海兵団に入隊しました。

裕而は、約1か月で重要要務者として召集解除となりました。家に帰ると金子が飛び出してきて抱きつき、娘たちも飛びついてきました。

戦時中の金子

昭和16（1941）年12月8日、真珠湾攻撃によって太平洋戦争がはじまり、やがて激化してくると、世の中は音楽どころではなくなりました。そして、敗色濃厚となった昭和19（1944）年11月24日以降、東京へは米軍のB29爆撃機による空襲がたびたびありました。

警戒警報発令中の真っ暗な部屋のなかでも、金子は裕而の伴奏で歌っていました。また、古関家では灯火管制のなかで、トランプなどをして過ごしたとのことでした。

東京大空襲

昭和20（1945）年3月10日の東京大空襲では、警戒警報発令と同時に娘たちにリュックサックを背負わせ、防空頭巾をかぶらせて近くの根津山の地下壕に避難するよう送り出しました。その後金子は、防空群長として隣組を守るために協力して焼夷弾を消火するなど活躍し、自宅は焼けずにすみました。

▲東京大空襲

戦争の激化と疎開

同年6月、金子は福島を訪れ、裕而の弟の家に疎開させていた娘たちを郊外の飯坂温泉の知人宅へ移しました。ところが、腸チフスにかかり重体になってしまいました。裕而から2回ほど輸血をしてもらい、奇跡的な回復で8月に退院することができました。しかし、玉音放送は病床からはい出して聞いたそうです。

コラム

金子の歌唱力とあこがれの三浦環

金子の歌唱力

金子は、子どもの頃から歌がうまく、裕而との文通期間中に訪ねた中山晋平からも「声の質良し、量あり」とお墨付きをもらっています。

昭和9（1924）年に次女紀子を出産してから、ベルトラメリ能子に師事したときは、門下生の中では一番弟子で、能子から「あなたは私の後継者よ」と言われていました。当時の門下生には井口小夜子らもいましたが、金子の声楽の才能は飛びぬけていました。

さまざまな表情の金子（声楽活動の頃）
提供：古関正裕氏

軽井沢のできごと

昭和13（1938）年の夏、軽井沢の公会堂で金子は裕而の伴奏で山田耕筰作曲の「夜曲」を夢中になって練習していました。そのとき、2人のドイツ婦人が入ってきて、20分あまりも金子の歌を聴

軽井沢で金子と子どもたち
提供：古関正裕氏

いていました。歌い終わると1人が近づいてきてゲルツと名乗り、もう1人を紹介しました。「この方は、東京音楽学校(現東京芸術大学)声楽教授のリア・フォン・ヘッサート女史です。」、「たいへん稀な素晴らしい声だと、ヘッサートさんはほめています。」と言いました。そしてヘッサートは、はにかむ金子にその場でモーツアルトの「恋の悩み知る君は(ボイ・ケ・サベーテ)」を自ら演奏して指導しました。その後まもなく、アメリカ人ピアニストとの音楽会を開催してくれました。

三浦環

金子は少女時代から、声楽家の三浦環にあこがれていました。

三浦環は、ソプラノ歌手であり、明治36(1903)年東京音楽学校在学中に日本人による初のオペラに主演しました。大正4(1915)年には歌劇「蝶々夫人」の国際的歌手となり欧米の大歌劇場で活躍した人です。

環は裕而の作曲した「船頭可愛や」が気に入り、自分のレコードに入れました。さらに裕而は環のために「月のバルカローラ」を作曲し、この曲もレコードに入れました。

三浦環のエピソード

後年、裕而は金子と一緒に環と国技館で大相撲をみることになりました。金子は環のファンだったので大喜びです。当日、夫妻で国技館へ出かけると、環は体が大きく、弟子も太っていたので、狭い升席は窮屈でした。さらに遅れて歌手の下八川圭祐が来たので、裕而は仕方なく金子を自分のひざの上に乗せて観戦しました。環はしきりに振り返って、チラリチラリ夫妻を気にしてみていました。金子はその視線を気にしていましたが、裕而は夢中で取り組みを観ていたそうです。

三浦環

戦後、声楽から文芸活動へ

▲古関一家　提供：古関正裕氏

終戦の日

昭和20(1945)年8月15日正午、昭和天皇の玉音放送が流れて太平洋戦争は終わりました。病気の金子の看病のため福島県の飯坂にいた裕而は、14日に夜行列車に乗って、15日に出演予定だった内幸町のNHK東京放送会館へ向かいました。新橋駅で玉音放送を聞き、放送会館に到着すると、入口に憲兵が立っていて説明しても入れてくれませんでした。正午にここから放送された玉音放送音源をめ

▲ＮＨＫ東京放送会館

ぐる歴史的な宮城事件に巻き込まれていたのでした。

飯坂での暮らし

終戦後しばらく、古関家は疎開していた飯坂温泉で過ごしました。やがて多くの進駐軍（米兵）がジープを連ねて入ってきて、大型旅館を宿としました。金子は外国人慣れしていましたが、町民には動揺が広がり、大騒ぎでした。しかし、米兵はニコニコして親切で、治安もよかったそうです。

▲飯坂温泉全景

食糧は裕而と娘たちで買い出しに行っていました。病気回復中の金子も歩けるようになると亡き裕而の母の着物などを持って米と換えてきました。また、新婚の頃は食べなかったどじょうやニンニクも栄養のために食べるようになり、体力が回復して元気になりました。

やがて、裕而と金子は、飯坂小学校のピアノを借りて、よく練習をするようになりました。また、駅に近い疎開先の家でも歌っていました。ある夜、アコーディオンの伴奏で金子が外国民謡などを歌っていると、通りに面した長い廊下に米兵約10人が腰をかけ、1時間ほど静かにじっと歌を聴いていたというエピソードが残っています。

長男誕生と声楽断念

昭和21（1946）年の正月は東京の家で迎えました。7月10日、長男・正裕が生まれると、金子は子育てに専念するために声楽をやめました。

古関裕而記念館には、昭和21年の日記「不忘草」が収蔵されています。日記には、長男誕生の想い出などが記されていますが、時々、母・内山みつが金子と話していることや一緒に遊んでいるようすが出てきます。豊橋の隠居家で一人暮らしをしていたみつですが、戦後になって東京の古関家で一緒に暮らしていたようです。みつは、昭和25（1950）年12月23日に亡くなっています。

▲長男・正裕の誕生　提供：古関正裕氏

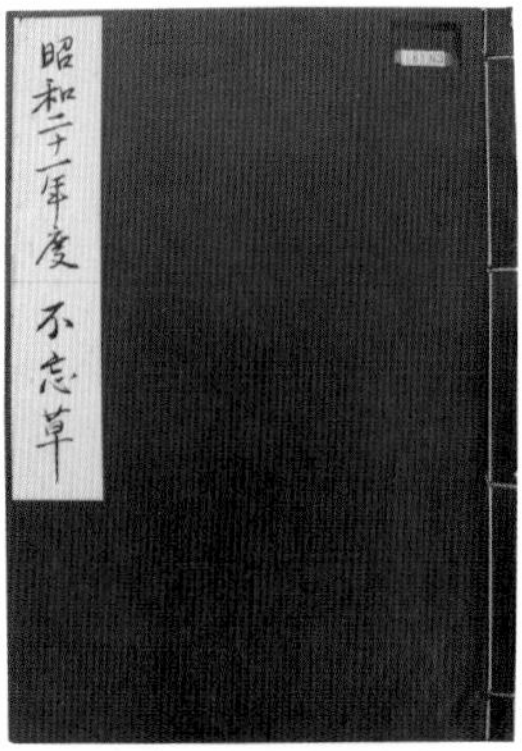

声楽を断念した金子でしたが、昭和24・25（1949・50）年頃には裕而が作曲した放送のための創作オペラ「朱金昭」「トゥランドット」「チガニの星」の歌い手として藤山一郎、山口淑子らと出演し、歌の才能を発揮しました。しかし、金子にとって

▲金子の日記「不忘草」（古関裕而記念館蔵）

は、これらのオペラが声楽活動の最後になりました。

▲昭和 28 年の古関一家　提供：古関正裕氏

家族想いの金子

金子は、長女・雅子、次女・紀子が生まれると帝国音楽学校を中退、長男・正裕が生まれると、声楽を断念したように、子ども想いの良い母でした。長男・正裕の証言によれば、金子は心配性で、過干渉な過保護の母だったそうです。

文芸活動に主軸

昭和31（1956）年頃、金子は雑誌『婦人文芸』の会員になり、文芸活動、特に現代詩にのめり込んでいきました。同じ頃、裕而は補詞を丸山薫が行った豊橋市歌を作曲しています。昭和36（1961）年、金子は『婦人文芸』の委員になり、多くの詩や随筆を寄稿しました。

投資に興味を持つ

昭和26（1951）年、長男のために積極的な生活設計を考え、金子は投資信託をはじめました。興味のあるものに集中する性格の金子は、やがて株式を研究し、昭和35（1960）年には、雑誌『婦人公論』に「私の株式投資成功法」を執筆、さらに株式の雑誌に数多く投稿するようになりました。芸術以外に興味をいだくという意外な一面もありました。

コラム

株にめざめた金子

株式に興味

金子が株式投資に夢中だったことは、あまり知られていません。

戦前は声楽、戦後は現代詩、晩年は絵画というように常に芸術を追い続けた金子が、株式投資を研究していたのは意外であり、想像ができないからです。しかし、金子は雑誌や新聞に記事を寄稿するなど、株式業界では女性投資家として知られた存在でした。

株をはじめる

昭和26（1951）年6月頃、投資信託が誕生し、宣伝がすごくて高利回りだったので、金子は注目していました。長男のためにも積極的な生活設計を考えはじめていた金子は、渋谷のハチ公前にあった証券会社へ飛び込みました。店内には多くの上品な婦人がいたので安心し、株の値上がりが急だったのでチャンスを逃さないため、係の人にまかせて少しずつ投信を買いはじめました。店内には係の人が勧めるまま、その場で千株、二千株と無造作に株を買う婦人が多く、儲かった話が飛びかっていました。半年もしないうちに、金子は百万円ぐらいの利益がでたそうです。ところが、昭和28（1953）年3月6日のスターリン暴落で、利益+10万円ぐらいの損をしました。

新聞の切り抜きをする金子

株を研究する

暴落で大損をした金子は、株式投資を人任せにしていたことを反省し、自分で本気に研究しはじめました。新聞を熟読し、いろいろな情報を積極的に集め、新聞記事をスクラップしました。

また、持株銘柄の検討、値動きの波、国際情勢などを眺めて株の運用など、研究によって株式投資のノウハウを身に着けました。金子は、「かつて声楽に打ち込んだ情熱や努力、そしてタイミングに関してのカンなど、そのまま役だっております。」と雑誌で述べています（古関1960）。

株式投資で成功

著名な作曲家夫人で女性投資家として成功した金子は、日本証券新聞、株式市場新聞、婦人経済新聞、週間株式など業界の新聞・雑誌に対談や特集などで記事にされました。

株をしてよかったことは「あらゆる方面に視野が開けること。」と金子は言っています（古関1960）。芸術とはほど遠い科学技術の進歩によって新技術・開発を知ることが増え、また航空機の発達によって海外からの著名な芸術家の来日をうながし、素晴らしい芸術に接する機会ができます。こうした発展が、自分にもかかわっていることを実感したようです。

そして、昭和34（1959）年10月発行の『週刊株式』の創刊号に「株は芸術」というコラムを書いています。金子にとっては、株式投資は楽しむもので一種の芸術だったのでしょう。

私の株式投資成功法

古関金子

金子がスクラップした「私の株式投資成功法」
（古関裕而記念館蔵）

晩年の金子

▲孫と写る金子　昭和50年代
提供：古関正裕氏

「あいなめ」の同人

昭和40（1965）年には、詩人金子光晴を中心とした詩誌『あいなめ』の同人となり、詩の本格的な制作を再開しました。光晴は、反権力的な新象徴主義詩人として注目されていました。金子は反骨の詩人として知られた光晴を尊敬していましたが、同じ愛知県生まれで名前が似ていたことから親しみも感じていたそうです。

▲あいなめ祭　右から２人目が金子　提供：古関正裕氏

昭和44(1969)年にはそれまでつくった詩の作品をまとめた、古関金子詩集『極光』を刊行しました。詩を書く際などに金子光晴をはじめ、西条八十や井上靖らの大御所からも助言を受けていました。この詩集に光晴は「跋(ばつ)」を寄せてくれました。その素晴らしさに、金子は喜んだそうです。

▲極光　(豊橋市図書館蔵)

曙幼稚園の園歌

昭和40(1965)年、裕而は金子の幼なじみであった石田好孝理事長の依頼を受け、豊橋市内の幼稚園の園歌、「曙幼稚園の歌」を作曲しました。同年12月には、幼稚園で園歌の発表会が開催されました。昭和52(1977)年11月、豊橋を訪れた古関夫妻は、「曙幼稚園の歌」碑に立ち寄って写真を撮っています。

▲「曙幼稚園の歌」碑前の裕而と金子
提供：石田健二氏

油絵に目覚める

金子は50代の終わり頃から、油絵に目覚めました。新槐樹社の会友となり、昭和46(1971)年には「揺炎」が新槐樹社展に入選し、上野の都立美術館の展覧会に飾られました。この画展では、3度入選しています。

のちに新槐樹社を退会した金子は、昭和50(1975)年には新たに講談社フェーマス・スクールの卒業生グループ「一彩会」の会員となり、展覧会に出品しました。

第17回新槐樹社展　アラブの娘　古関金子

▲金子の作品「アラブの娘」
提供：古関正裕氏

日曜随筆に発表

金子は『日曜随筆』に参加し、作品やイラストを数多く発表しました。特に次女・紀子が「昔話でもなんでもいいからたくさん書いてね。」といって喜ぶということで、「娘への手紙」という随筆を何度も発表しました。昭和51(1976)年、創刊より第15号まで休みなく作品を発表したという理由で、「日曜随筆賞」を受賞しています。

▲金子がスクラップした
「日曜随筆」
提供：古関正裕氏

▲日曜随筆賞状（古関裕而記念館蔵）

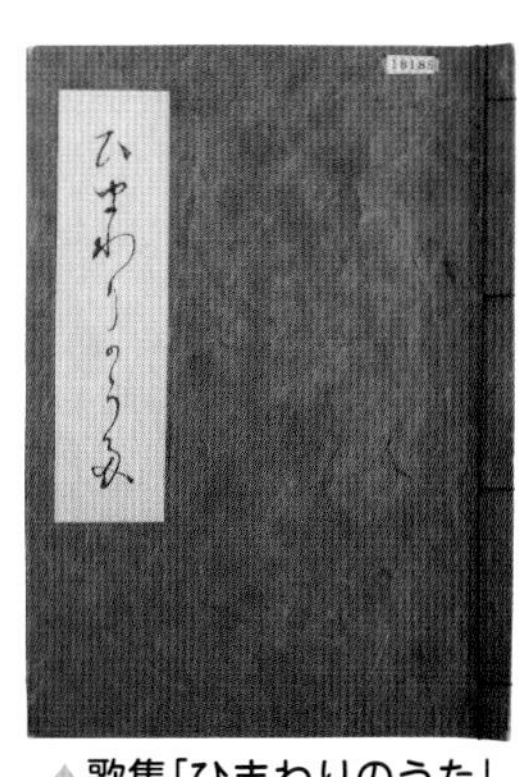
▲歌集「ひまわりのうた」
（古関裕而記念館蔵）

乳がんで入院

若い頃はオペラ、のちに現代詩、50代の終わり頃から油絵と、たえず夢を追いかけ、夫の作曲活動を支えてきた金子でしたが、昭和51（1976）年頃から乳がんに気づき、3回入院し、2回手術しました。人生の終わりが近いことを悟った金子は、歌集『ひまわりのうた』のなかの「あかねぐも（おわりの唄）」で「激痛をなだめんとして暁の浴室に佇（た）つわれ生きんとす」「傷痕のうづくかいなに筆もてど妖しき心たづねもあえず」など惜別の情を歌いました。

▲歌集『ひまわりのうた』所収の歌
（古関裕而記念館蔵）

永眠

昭和55（1980）年7月、金子は乳がんが全身に転移し、68歳で亡くなりました。

金子は「富士山がみえるところがいい。」といって、生前に購入した川崎市生田の小高い丘の上にある墓地で、今しずかに眠っています。

コラム

金子光晴と金子

金子光晴

金子光晴は明治28（1895）年に愛知県の現津島市で生まれた詩人です。大正8（1919）年に初の詩集『赤土の家』を出版した後にヨーロッパへ渡り、帰国後に『こがね虫』を刊行しました。昭和12（1937）年に日本の現実を風刺した『鮫』を発表。戦後は反戦詩集『落下傘』『蛾』などを刊行。昭和29（1954）年には『人間の悲劇』で読売文学賞を受賞しました。光晴は反骨詩人として知られた人でした。

金子光晴
提供：古関正裕氏

金子と光晴

金子と光晴は、同じ愛知県生まれでした。しかも名前が似ていて、姓を続けて並べると古関金子になり、名を並べると金子光晴になるということから親近感が強かったそうです。

金子が『あいなめ』の同人になって1年ぐらいたった頃、光晴は金子の詩を読んで「この人はきっと美人だよ」としきりに言っていたそうです。金子の詩の中になにか美しいものを感受したのでしょう。このことは、金子を喜ばせました。

光晴の跋文

金子は高女を卒業した頃は『女人芸術』に入選したように詩をたくさん書いていました。しかし、オペラに打ち込み、戦争、出産などにはばまれたため、再び詩を書くようになるまで20年ぐらいのブ

ひょっとこおどりをする金子光晴
提供：古関正裕氏

ランクがありました。それでも「あいなめ会」に参加しながら、金子光晴と交流し、西条八十や井上靖らの大御所から教示を受けて昭和44（1969）年に金子は『極光』という詩集を刊行したのでした。その『極光』に光晴が「跋」を書いてくれたのです。そこには「‥その詩にふれてあたためられるということは、現代の詩が忘れている一つの徳ではあるまいか。古関さんという一個の人間の血のいろが、革袋のなかで透いてみえ、温度までそのまま つたわってくるということは、古関さんが生きているようにこの詩も生きているということで、この詩が成功していることを語っているのではないか。そのうえに人はなにを求めよう。‥」とありました。金子は、尊敬する先生からこんなによい評をもらえるなど予期していなかったので、たいへん喜びました。

光晴の死

昭和50（1975）年6月30日、金子の師であり父のような金子光晴が亡くなりました。その日、ちょうど金子は頭痛がひどく、異常な悪寒がしたそうです。

光晴の通夜には、多くの人が集まりました。金子は関根宏や野坂昭如と一緒に語り合いました。野坂昭如は大学病院で霊安室の番人をしていたときの話からデスマスクの作り方などを、面白おかしく話してくれたそうです。

光晴は、よく別れるときに「来年はもう会えんかも知れんな！」と言って、握手しました。金子は、そのときの手の温かさと心情のやさしさを思い出して、声をあげて泣いてしまいました。

通夜、告別式と昔の同人が顔を合わせるうちに、光晴の追悼号を『あいなめ』で臨時発刊することになりました。金子も「華やかな光芒」を寄稿しています。

佐野妙さんが描いた古関金子ちゃん

『だもんで豊橋が好きって言っとるじゃん！』の作者でもある豊橋市在住の漫画家：佐野妙さんが描いた「金子ちゃん」イラストがあります。イラストデータは3種類（制服姿、和服姿、洋服姿）の金子ちゃん×4種類の豊橋の魅力、計12種類があり、注意事項を守ればだれでも使用することができます。

アドレス：https://www.city.toyohashi.lg.jp/41812.htm

制服姿

和服姿

洋服姿

資料編

鎌倉大仏の前に立つ裕而と金子

内山家

内山家の本家

金子の父・内山安蔵は職業軍人として陸軍に属していました。しかし、安蔵がどこから来た人なのかは、地元ではほとんど知られていませんでした。

内山家の本家、安蔵の実家は、八名郡下吉田村（現新城市下吉田字岡）にありました。農業を行っていた父・三津蔵と母・きその長男として、安蔵は明治5（1872）年5月1日に生まれました。兄弟は長女・きは、次男・庄六、三男・花次、四男・秀治の5人です。安蔵は長男でしたが職業軍人となって豊橋へ出て行き、次男・庄六は他家の養子となったため、分家していた三男・花次が本家の家政を引き継ぎました。

内山家：本家（新城市下吉田）

安蔵の家族

安蔵は明治13（1880）年10月13日生まれのみつと、明治31（1898）年7月15日に結婚しました。みつとの間に一男十女という多くの子を授かりました。

子どもは、長女・鈴江（×）、次女・鈴子（×）、長男・勝英、三女・富子（×）、四女・富子、五女・清子、六女・金子、七女・松子、八女・末子（×）、九女・貞子、十女・寿枝子と実際は11人いました。しかし、生後間もなく亡くなった子ども（×で表示）が4人いたため、7人の兄弟姉妹といわれています。

職業軍人の父の転勤のため、勝英と富子は石川県金沢市生まれ、清子は福岡県久留米市生まれで、金子以下は豊橋（高師村）生まれでした。

内山家家系図

八名郡下吉田村（現新城市下吉田字岡）

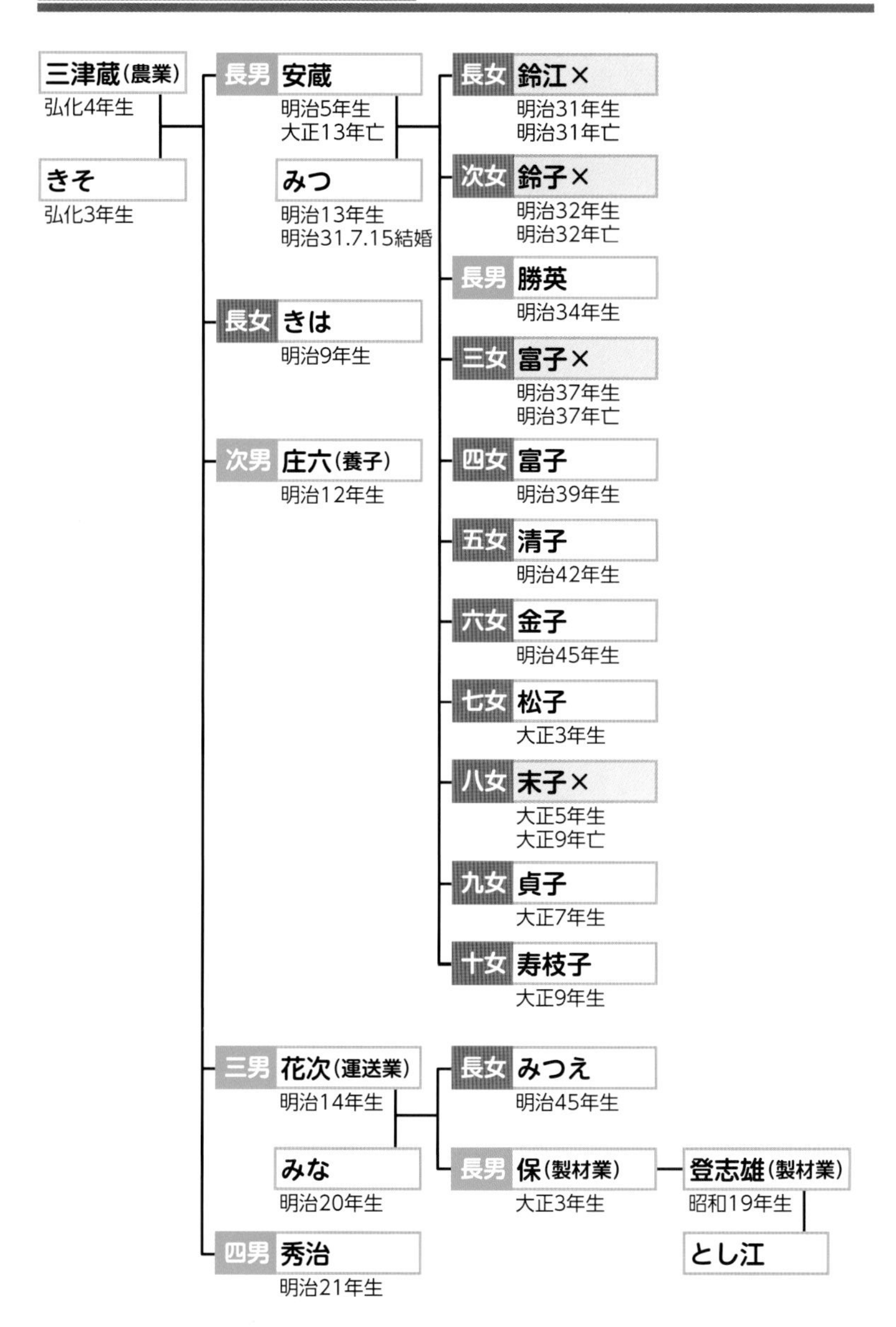

※内山登志雄氏提供資料より作成

金子の姉妹：清子 18 歳(左上)・松子 12 歳(右上)・
貞子 8 歳(右下)・寿枝子 6 歳(左下)
提供：古関正裕氏

子どもたち

金子以外の子どもたちの消息をみましょう。

勝英：満州へ渡り、戦後に豊橋へ帰って来ました。小池町あたりに住んでいましたが、昭和43（1968）年に亡くなり、内山安蔵家は途絶えました。

富子：大正13（1924）年に金沢の師範学校教諭と結婚して中島姓になり、その後に広島県宮島、東京阿佐ヶ谷と住所を変えました。

富士登山記念のみつ（51歳）
提供：古関正裕氏

貞子（高女時代：16歳頃）
提供：古関正裕氏

寿枝子（17歳）
提供：古関正裕氏

清　子：結婚して川崎姓になり、実家近くに居住して戦前に内山家の仕事を引き継ぎました。その後、満州に渡り、帰国後は市内で飲食業をしていました。娘の容子は、時習館高校の校歌を作曲したことで知られています。のちに市田姓になりました。

松　子：少女時代は、小池小町ともいわれていました。結婚して渡辺姓になりましたが、詳しいことはわかっていません。

貞　子：子どもの頃は、未来の女流創作家といわれていました。貞子の高女時代の友人、川澄(粟井)ユキさんは、よく貞子と一緒に帰ったり、高師緑地に稀少植物を採集しに行きました。家に行くといつも物静かなおばあさんがいて、お母さんはいなかったそうです。内山家にはおばあさんはいないので、この人が母・みつと思われます。貞子が高女時代は50歳を超えていたので、年頃の娘は、母と言えなかったことが想像できます。結婚して小久保姓になり、静岡市に居住していました。

左上から金子 28 歳、清子 30 歳・富子 36 歳・寿枝子 22 歳　昭和 15 年頃
提供：古関正裕氏

後列左から貞子、松子、裕而、金子、寿枝子　昭和 15 年頃
提供：古関正裕氏

後列左から金子 55 歳、松子 52 歳、清子 58 歳　昭和 43 年
前列左から内山英子（勝英の娘）、赤崎外喜（勝英の前妻）
提供：古関正裕氏

渡辺松子の家を訪ねた古関夫妻　提供：内山登志雄氏

寿枝子：末っ子だったので、姉妹みんなからかわいがられました。未婚の頃は、母・みつの隠居家で清子の長男・伸彦と暮らしていました。医者と結婚して本間姓になり、新潟で暮らしていましたが、ガンのため53歳で亡くなりました。

内山安蔵家の断絶

安蔵は大正13（1924）年10月3日に脳溢血で急に亡くなりました。金子が高等女学校に入学して半年後でした。内山安蔵家の菩提寺は、豊橋市小池町にある曹洞宗の潮音寺で、墓はここにあります。この墓には安蔵・みつ夫妻と、長男・勝英およびその子どもが眠っています。

金子が亡くなってから3年後の昭和58（1983）年6月26日に裕而が潮音寺を訪れています。おそらく金子が亡くなったことを両親の墓前に報告しに来たのでしょう。裕而は、潮音寺に「君の名は」と書いた色紙を残しています。

内山家の墓がある潮音寺(豊橋市小池町)

潮音寺に残る古関裕而の色紙

内山家累代之墓

古関裕而が作曲した豊橋の歌

■古関裕而作曲の歌

これまで、古関裕而が作曲した豊橋に関する曲は「豊橋市歌」（昭和31年）と「曙幼稚園の歌」（昭和40年）の2曲が知られていました。しかし、最近になって「豊橋観光音頭」と「夢の豊橋」の2曲も古関裕而が作曲していたことが確認できたため、豊橋に関する曲は4曲あることがわかりました。

■豊橋観光音頭

戦前に豊橋商工会議所が中心となって作ったようですが、詳しい経緯はわかっていません。豊橋観光協会は昭和23（１９４８）年12月に創立しました。昭和25（１９５０）年10月に協会が発行した冊子

踊っているようす（昭和 25 年頃）

『観光叢書豊橋』には、豊橋観光音頭の楽譜が載っています。これによると、作詞：中林きみを、作曲：鈴木清となっており、豊橋観光協会と豊橋文化協会が選定したことになっていました。当初は、作曲が古関裕而ではなく鈴木清であったことがわかりました。

豊橋観光協会は、昭和25年から市主催ではじまった豊橋まつりのパワーアップを図るため、豊橋観光音頭の歌詞を残して作曲を古関裕而に依頼しました。

『観光叢書豊橋』掲載の楽譜

■夢の豊橋

豊橋観光協会が昭和25年に発行した冊子『夢乃豊橋』には、作詞：河西新太郎、作曲：古関裕而として歌詞が掲載されていることから、このときには曲ができていたことがわかりました。「夢の豊橋」を古関裕而が作曲した経緯はわかっていませんが、「豊橋観光音頭」とほぼ同時に日本コロムビアで録音・レコード化されました。

『夢乃豊橋』　昭和 25 年刊（豊橋市図書館蔵）

■2曲のレコード化

昭和27（1952）年、「豊橋観光音頭」と裏面に「夢の豊橋」を収録したレコードの制作を日本コロムビアへ依頼し、6月7日に「豊橋観光音頭」、9日に「夢の豊

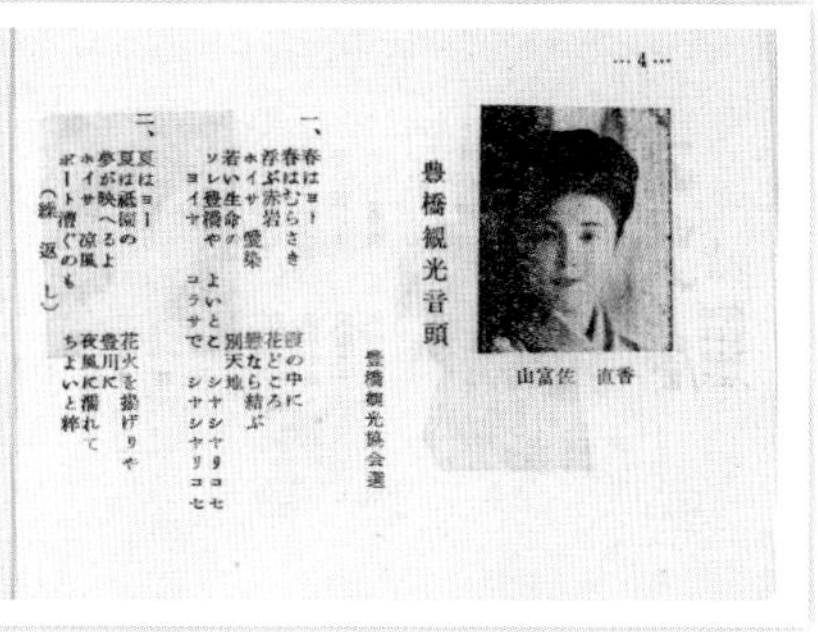
…4…

豊橋観光音頭

豊橋観光協会選

一、春はヨー
春はむらさき　霞の中に
浮ぶ赤岩　花どころ
ホイサ　愛染　戀なら結ぶ
若い生命の　別天地
ソレ豊橋や　よいとこ　シャシャリコセ
ヨイヤ　コラサで　シャシャリコセ

二、夏はヨー
夏は祇園の　花火を揚げりゃ
夢が映へるよ　豊川に
ホイサ　涼風　夜風に濡れて
ボート漕ぐのも　ちよいと粋
（繰返し）

山富佐　直香

…5…

三、秋はヨー
秋は紅葉と　[illegible]の秋で
錦織りなす　[illegible]の街
ホイサ　吉田の　お城の跡は
高い文化の　華が咲く
（繰返し）

四、冬はヨー
冬は名高い　祭りの鬼に
寒さ忘れて　みな集う
ホイサ　汗から　希望が湧いて
仰ぐ石巻　陽が昇る
（繰返し）

花泉　晴乃

豊橋観光音頭　『夢乃豊橋』

…2…

夢の豊橋

河西新太郎作詞
古関裕而作曲

一、春はほのぼの　さくらに明けて
よせる人波　あの娘が招く
ゆけば花咲き　浮名も高く
うれし豊橋　夢の街

二、涼し豊川　あの橋わたりゃ
夜風戀風　そよそよ吹いて
空に花火が　思いを焦がす
うれし豊橋　夢の街

美和　美代

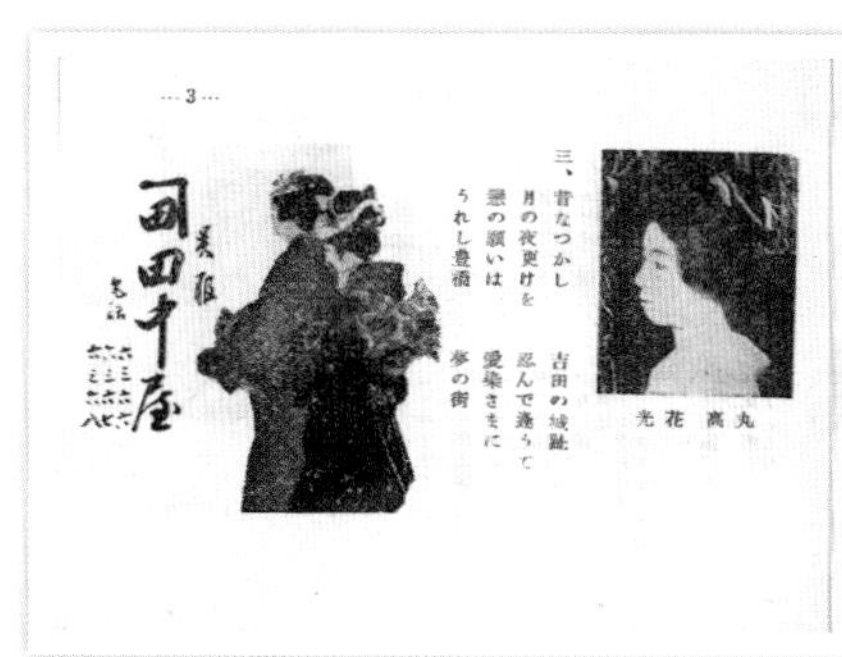
…3…

三、昔なつかし　吉田の城跡
月の夜更けを　忍んで逢うて
戀の願いは　愛染さまに
うれし豊橋　夢の街

光花　高丸

夢の豊橋　『夢乃豊橋』

橋」が録音されました（註：刑部芳則氏ご教示）。「豊橋観光音頭」は、鶴田六郎と久保幸江というNHK紅白出場歌手が歌い、「夢の豊橋」は、紅白出場歌手の岡本敦郎と「青い山脈」が大ヒットした奈良光枝というように、当時を代表する人気歌手が歌いました。

制作されたレコードは、7月7日から市内楽器店や商工会議所内ショップにおいて1枚250円の価格で販売されました。

豊橋観光音頭のＳＰレコード

■豊橋観光音頭発表会

同年7月8日に「豊橋観光音頭発表会」が豊橋まつり（7月15～17日開催）の前夜祭として昼夜2回中央公民館（現公会堂）で開催されました。前夜祭は、一部は「豊橋観光音頭」「夢の豊橋」の発表会、二部はクイズ、三部はコロムビア軽音楽団の歌手（久保幸江、鶴田六郎、神楽坂玉枝ら）の歌謡ショーでした。

参考までに、福島市古関裕而記念館には、「豊橋観光音頭」の総譜（各声部や各楽器の譜表を一括して表した総合譜表）とSPレコード、「夢の豊橋」の総譜とメロディー（旋律）が残されています。

豊橋観光音頭・夢の豊橋発表会プログラム
昭和 27 年

豊橋観光音頭の演奏

「豊橋観光音頭」と「夢の豊橋」の2曲は、ほとんどの豊橋市民から忘れ去られていました。しかし、令和2（2020）年6月9日、この2曲は古関裕而が作曲していたことを確認しましたので、図書館から発表しました。発表時点ではSPレコードは残っておらず、「豊橋観光音頭」の楽譜がみつかったのみでした。音源がなかったため図書館では、市内在住のピアニスト：鈴木佳代子氏にお願いして演奏していただきました。演奏会場は昭和天皇もご休憩された公会堂の旧貴賓室で、4月に寄贈（藤原俊男氏）されたばかりの昭和11（1936）年製造のアップライトピアノを使って、メロディーを再現してもらいました。

豊橋市中央公民館（現公会堂）

「豊橋観光音頭」を演奏する鈴木佳代子氏

豊橋市歌

豊橋市は、昭和31（1956）年に市制施行50周年を迎えるのに際して、記念の門出を市歌で飾るため、市民の歌「市歌」の歌詞を広く募集（5月31日締め切り）しました。募集の要件は、歌詞は三節ないし四節で、明るく希望に燃える行進曲風なものでした。一等は1名で賞金は2万円、作曲は各界の権威者に依頼し、場合により一部補作することがあるとされていました。締め切り日までに届いた応募作品は298編に達し、審査の結果、一等は奈良県の辰巳利郎に決まり、丸山薫の補作により豊橋市歌と決定しました。決定後、秋に予定された記念行事に間に合わせるため、8月6日に古関裕而に作曲を依頼しました。

■豊橋市歌発表会

同年10月18日午後6時に「豊橋市歌発表会」が豊橋まつり（10月20～21日開催）の前夜祭として、公会堂で開催されました。発表会では、市長あいさつの後、入選者授賞式があり、歌詞審査委員長の丸山薫があいさつ、そして市歌発表がありました。発表ではピアノ伴奏を古関裕而が行い、歌手の藤山一郎が独唱および歌唱指導を行いました。そののち、アトラクションとして、藤山一郎、鷲見多美子らの歌謡ショーが行われました。

また、発表会当日に古関裕而へは、豊橋市長大野佐長より感謝状が贈られています。

感謝状

古関裕而殿

貴殿には本市市歌の制定にあたり格別の御厚意をもって優秀な作曲を完成せられた
これは終始誠意をもってこれに当られた結果であると信じここに深く感謝の意を表します

昭和三十一年十月十八日

豊橋市長大野佐長

豊橋市長から古関裕而へ贈られた感謝状
（古関裕而記念館蔵）

■曙幼稚園の歌

豊橋市の南部、曙町にある曙幼稚園は、昭和28（1953）年に創立した幼稚園です。創立10周年のときに、幼稚園の園歌をつくることになりました。初代理事長の石田好孝は、金子と同じ小池に住んでいて

「曙幼稚園の歌」碑

古関裕而が作曲した「曙幼稚園の歌」の自筆楽譜
提供：石田健二氏

小さい頃から知っていました。このことから、金子を通じて古関裕而に作曲を依頼したのでした。
　裕而に依頼した曲は完成し、昭和38（1963）年12月8日に「曙幼稚園の歌発表会」が開催されました。歌の発表会のあとは、園児によるお遊ぎ会が行われました。

曙幼稚園の歌
かたやまごろう　作詩
古関裕而　作曲

一、なかよしこよし　うたいましょう
おくちひらいて　こえそろえ
ことりもぴいちく　うたってる
たのしいあけぼの　ようちえん

二、なかよしこよし　おどりましょう
おててつないで　わになって
そらにはおひさま　わらってる
あかるいあけぼの　ようちえん

三、なかよしこよし　あそびましょう
みんなげんきで　せいくらべ
まつのきみどりも　のびている
よいこのあけぼの　ようちえん

「曙幼稚園の歌」（歌詞）
提供：石田健二氏

内山金子とその時代展

■内山金子の展示会

豊橋市図書館は、戦前に声楽家として活動し、戦後は夫である古関裕而を支えた金子の生涯を市民に紹介するため、「昭和の大作曲家　古関裕而の妻　内山金子とその時代展」を開催しました。ここに概要を紹介します。

期　　間：令和2(2020)年4月4日〜6月23日
※新型コロナウイルス感染症拡大防止対策の臨時休館により、4月14日〜5月24日まで中止。
会　　場：豊橋市中央図書館・2階展示コーナー
主　　催：豊橋市図書館
観覧料：無料
内　　容：日本を代表する名曲を作曲した古関裕而、その妻となった内山金子は豊橋(当時は高師村)で生まれ育ち、音楽と文学を愛する先進的な考えを持った女性でした。展示会では、今まで地元であまり知られていなかった内山金子の生涯、金子が生きた時代の豊

内山金子とその時代展

橋を紹介する内容です。内山金子を単独で扱った展示会は初めてとなりました。

展示構成：①内山金子の生涯、②連続テレビ小説の誘致、③豊橋ふるさと大使の松井玲奈、④金子と勇治（裕而）の往復書簡。

主な展示品：内山金子関連資料、豊橋ふるさと大使の松井玲奈関係資料。

〔古関裕而記念館所蔵資料〕

福岡尋常高等小学校卒業証書・賞状、豊橋市立高等女学校卒業証書、高等女学校通知表、金子のスクラップブック、金子のスケッチブック、金子歌集、金子色紙など。

〔豊橋東高等学校所蔵資料〕

卒業アルバム、本科第24回卒業生記念写真、豊橋市立高等女学校制服（復元）、豊橋市立高等女学校ランドセル（実物）、豊橋市立高等女学校校歌掛軸（大正時代）など。

高等女学校本科第 24 回卒業生記念写真

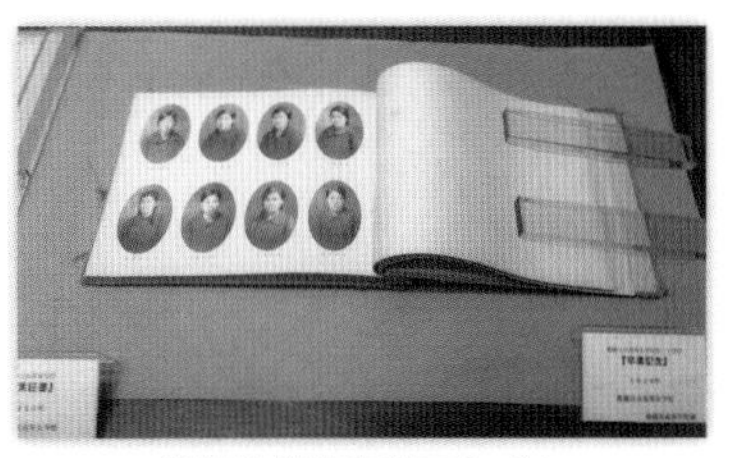
高等女学校卒業アルバム

制服とランドセル

〔古関正裕氏所蔵資料〕

金子写真各種（画像）、金子と勇治（裕而）の往復書簡（複製）など。

〔豊橋市図書館所蔵資料〕

豊橋市立高等女学校同窓会名簿、古関金子詩集『極光』、古関裕而の国際コンクール受賞を伝えた新聞（複製）、松井玲奈サイン本『カモフラージュ』、松井玲奈サイン入ポスターなど。

〔ほの国東三河ロケ応援団〕

「松井玲奈豊橋カレーうどん大使就任！」ポスター、松井玲奈サイン入り帆前掛など。

入場者数　6384人、1日平均約193人。

※入場者数は図書館展示会歴代2位を記録。

新型コロナウイルス感染症拡大防止対策：手指消毒液の設置、咳エチケット、社会的距離の確保依頼、混雑時の入場制限の実施、一方通行への見学ルートの変更（6月6日から）、古関正裕氏記念講演会の中止。

金子と勇治（裕而）の往復書簡（複製）

関連展示「エール展」

期　間：令和2年4月7日～6月23日
主　催：NHK
会　場：豊橋市中央図書館・
1階入口と雑誌コーナー

関連展示「エール展」

内山家関係資料展示

期　間：令和2年7月8日～8月2日
主　催：豊橋市図書館
会　場：豊橋市中央図書館・1階情報発信コーナー
主な展示品：内山本家関係資料、内山安蔵手紙、古関裕而色紙など。

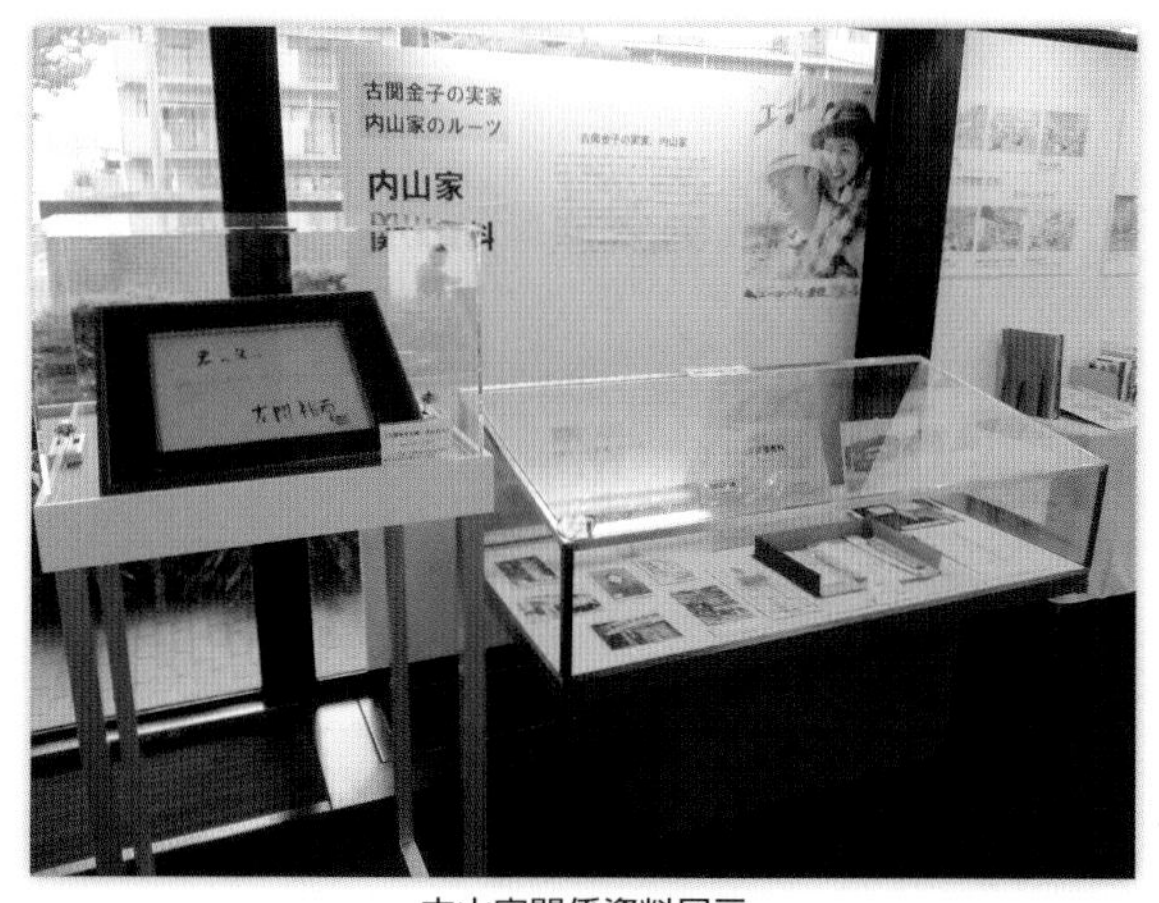

内山家関係資料展示

古関金子略年譜

年	月日	齢	内容	日本のできごと
明治45／大正元(1912)年	3月6日	0	豊橋市(当時高師村小池)に父・安蔵と母・みつの三女として生まれる。	明治天皇崩御
大正7(1918)年	4月	6	高師村立福岡尋常高等小学校入学。	シベリア出兵
大正11(1922)年	秋頃?	10	5年生のとき、学芸会で「かぐや姫」を演じる。	ソ連誕生
大正13(1924)年	3月22日	12	高師村立福岡尋常高等小学校卒業。	第二次護憲運動
	4月	12	豊橋市立高等女学校入学。	
	10月3日	12	父・安蔵が亡くなり、母・みつが家業を縮小して受け継ぐ。	
大正15年／昭和元(1926)年		14	3年生のとき、高女で澤柳政太郎博士の講演を聞いて感銘を受け、オペラ歌手になって自立することを志す。	大正天皇崩御
昭和2(1927)年	秋頃?	15	豊橋市立高等女学校でプロを招いた名士音楽会開催。ソプラノ(関鑑子)、バイオリン(青山兄弟)が歌唱・演奏。	金融恐慌
昭和3(1928)年	3月22日	16	豊橋市立高等女学校卒業。	普通選挙法で初の衆議院議員選挙
		16	雑誌『女人芸術』に詩が入選。入選が縁で『女人芸術』に参加し、中部地方の委員に選ばれる。	
	12月頃?	16	兄・勝英が事業を行っていた満州(大連)に半年間旅行する(17歳まで)。	
昭和4(1929)年	6月11日	17	満州の大連からの帰国時に乗った客船「ばいかる丸」が朝鮮・木浦沖で座礁・難破し、九死に一生を得る。	世界恐慌
	7月頃	17	旅行中に知り合った一青年が、帰国後に手紙で結婚を申し込んでくる。	
	1月23日	17	古関裕而作曲の舞踊組曲「竹取物語」ほか4曲が国際作曲コンクール入賞という記事が名古屋新聞に掲載される。金子がこの記事を読み、早速、裕而に楽譜を送ってくれるように手紙を書く。その後3、4か月間文通。	
	4月1日	18	名古屋市中区御器所の健康第一会で編集の手伝いを住み込みではじめる。同時に小股久に師事し音楽の勉強もはじめる。	
	5月下旬	18	名古屋まで裕而が金子を訪ねてくる。そこで裕而と金子は初対面となる。	

年	月日	年齢	事項	社会情勢
昭和5(1930)年	5月29日?	18	裕而と犬山の日本ラインへ婚前旅行へ出かける。これをもとに裕而は「木曽川を下る」を作曲。	ロンドン海軍軍縮会議 米国株価大暴落
	6月	18	福島市新町の喜多三商店で新婚生活をおくる。	
	7月	18	福島市で開催された竹久夢二の個展を見学、裕而は夢二に金子を紹介し、夢二から扇子をもらう。	
	9月頃	18	日本コロムビアの専属契約の申し出を受け、裕而と金子は上京。阿佐ヶ谷に住んでいた金子の長姉の家に居候する。	
	9月	18	ヴォーカル・フォア合唱団に夫妻で入団。	
	10月12日	18	裕而が正式に日本コロムビア専属契約作曲家になり、世田谷代田に居を構える。	
	10月	18	帝国音楽学校(声楽部本科)に編入。のちに長女・次女出産のため中退する。	
昭和6(1931)年	2月9日	18	入籍し、戸籍上正式に古関金子となる。	満州事変
	5月19日	19	福島市で結婚式を挙げる。	
	10月	19	古関裕而作曲の「静かな日」と「たんぽぽ日傘」のレコードを内山金子名でヒコーキ・レコードから出す。	
昭和7(1932)年	1月2日	20	長女・雅子誕生。	5・15事件
昭和8(1933)年	8月	21	リーガルレコードから「月の砂山」を出す。またビクタージュニア・レコードから児童歌劇「坊やよ、ねむれ」を、10月には児童劇「兎」(上・下)を出す。	ヒトラーがドイツ首相に就任
昭和9(1934)年	7月13日	22	次女・紀子(みちこ)誕生。	満州国で溥儀が皇帝に即位
昭和12(1937)年	7月下旬	25	夫妻で満州旅行。大連で兄、新京で妹夫妻に会う。日露戦争で父・安蔵が参戦した旅順へも行き、旅順軍港攻防戦の停戦条約が締結された水師営を訪れる。	日中戦争始まる
	この頃	25	ベルトラメリ能子に師事、「アイーダ」「トスカ」公演に出演。	
昭和13(1938)年	夏	26	夫妻で軽井沢へ避暑に行く。有名なカメラマンに声をかけられ、懇願されて写真を撮る。また、東京音楽学校声楽教授のリア・フォン・ヘッサートに偶然会い、声をほめられる。	国家総動員法施行
昭和14(1939)年		27	ベルトラメリ能子の弟子の会(日本青年館)でトリを務める。	第二次世界大戦開戦
昭和15(1940)年	この頃	28	ディーナ・ノタルジャコモに師事、神宮寺雄三郎と「カバレリア・ルスチカナ」などオペラ、オペレッタに出演。	日独伊三国同盟成立

年	月日	頁	事項	社会の出来事
昭和16（1941）年	5月18日	29	日本青年館で開催の「伊太利歌劇の夕べ」に出演。	太平洋戦争開戦
昭和20（1945）年	6月	33	福島の叔父宅に雅子と紀子が疎開。	太平洋戦争終戦
	7月	33	雅子と紀子が飯坂の二階堂魚店の離れに疎開、11月頃まで居住。	
	7月13日頃	33	娘たちのようすを見に、福島を訪れる。その後腸チフスにかかり重体になり入院。8月10日頃に退院。	
	11月	33	福島市立飯坂小学校の校歌発表会で、裕而の作曲した校歌を長女のピアノ演奏で歌う。	
昭和21（1946）年	7月10日	34	長男・正裕誕生、家事に専念する。	極東国際軍事裁判
昭和24（1949）年 昭和25（1950）年	この間	37 38	裕而の作曲した創作オペラ「朱金昭」、「トゥランドット」、「チガニの星」に出演。	朝鮮戦争勃発
昭和31（1956）年	10月18日	44	裕而が「豊橋市歌」を作曲し、豊橋市公会堂で開催された豊橋まつり前夜祭「市歌発表会」にて発表される。作詞は辰巳利郎、補詞は丸山薫。	日本が国連に加盟
	この頃	44	雑誌『婦人文芸』の会員になる。	
昭和35（1960）年	10月	46	株式投資を研究し、『婦人公論』に「私の株式投資成功法」を執筆する。	日米新安保条約調印
昭和36（1961）年		49	雑誌『婦人文芸』の委員となる。詩や随筆を寄稿。	ソ連の有人宇宙船地球1周
昭和38（1963）年	12月8日	51	裕而が「曙幼稚園の歌」を作曲、発表会が開催される。	米ケネディ大統領暗殺
昭和44（1969）年	2月28日	56	詩集『極光』を刊行。	米アポロ11号が月着陸
昭和46（1971）年	この頃	59	50代の終わり頃、油絵に目覚める。	佐藤栄作がノーベル平和賞受賞
昭和50（1975）年	6月	63	講談社フェーマス・スクールの卒業生グループ「一彩会」の展覧会に出品。	フランスで第1回サミットを開催
昭和51（1976）年	3月	64	『日曜随筆』に参加し、創刊より第15号まで、作品やイラストを発表する。「日曜随筆賞」を受賞。	ロッキード事件
昭和52（1977）年	11月	65	豊橋へ来訪、「曙幼稚園の歌」の歌碑を夫妻で訪れる。	200海里経済水域設定
昭和55（1980）年	7月23日	68	乳がんが全身に転移して死去。	イラン・イラク戦争勃発

豊橋観光ガイド

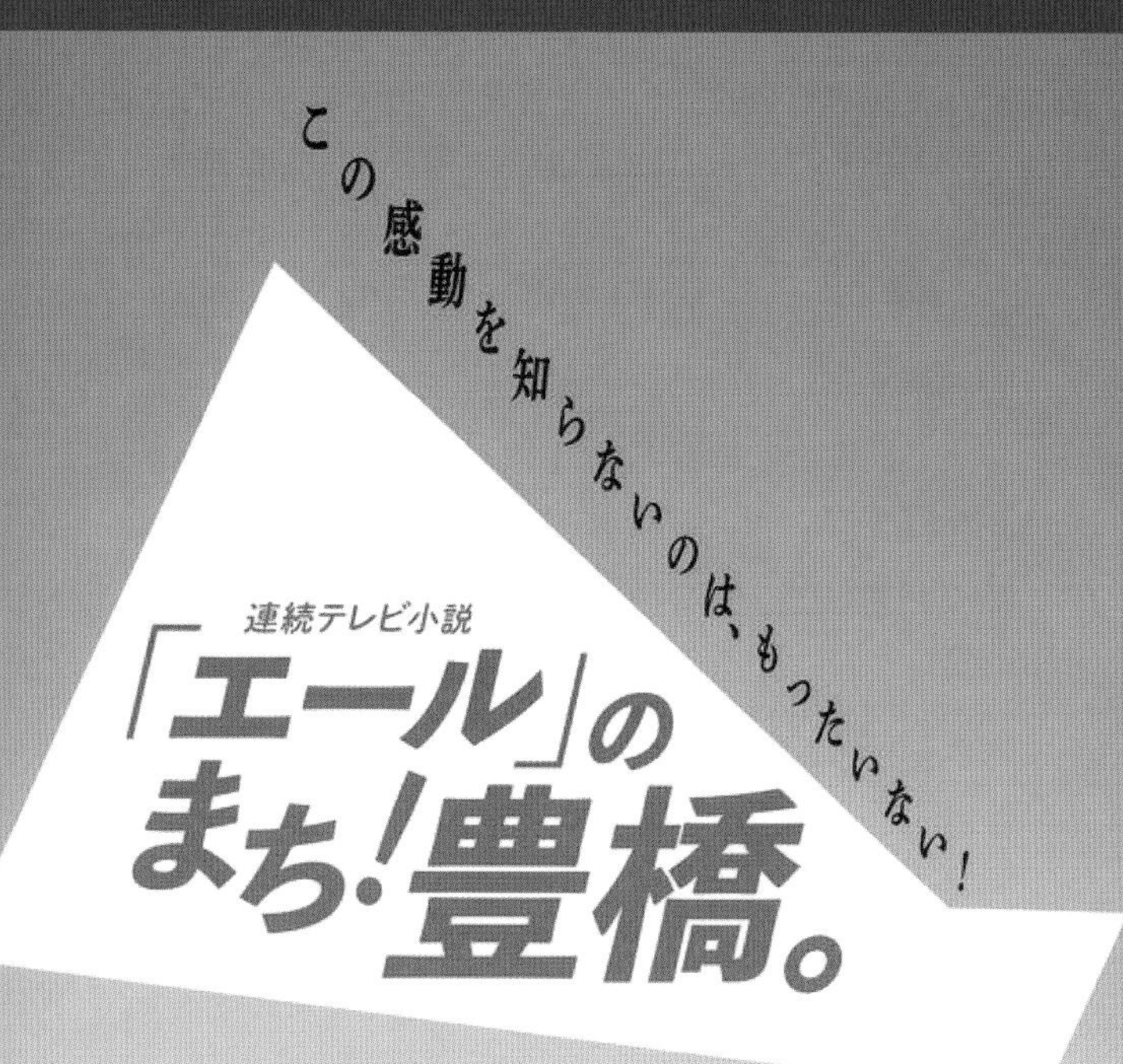

金子が生まれた小池町を歩く

1 旧第十五師団司令部

明治41(1908)年、陸軍第十五師団の司令部として建てられました。金子の父・安蔵が馬糧などを納めていたところです。師団廃止後は、陸軍予備士官学校などに使われました。戦後は愛知大学本館、現在では愛知大学記念館として公開されています。国登録文化財。

Data

- 豊橋市町畑町1-1
- 愛知大学　豊橋キャンパス内
- 豊橋鉄道渥美線愛知大学前駅から徒歩２分
- 入館料:無料
- TEL:0532-47-4139

2 旧第十五師団長官舎

司令部と同時に師団長官舎として建てられ、洋館と和館が併設された建物です。のちに教導学校長などの住宅として使われました。戦後は愛知大学の学長公舎などとなり、現在は大学公館となっています。市指定文化財。

Data
- 豊橋市高師石塚町22
- 豊橋鉄道渥美線小池駅から徒歩５分
- 現在非公開

Data
- 豊橋市小池町字山田川13
- 豊橋鉄道渥美線小池駅から徒歩３分

3 小池神社

小池の氏神様として鎮座している神社です。戦前に古関裕而も訪れて、9.5mmカメラで撮っています。10月の祭礼では、手筒花火を放揚します。

4 潮音寺

曹洞宗の寺院で、内山家の菩提寺です。墓地には「内山家累代之墓」があり、金子の両親と兄が眠っています。昭和58（1983）年に古関裕而が墓参りに来て、「君の名は」の色紙を残しています。

Data
- 豊橋市小池町字西海戸54
- 豊橋鉄道渥美線小池駅から徒歩３分

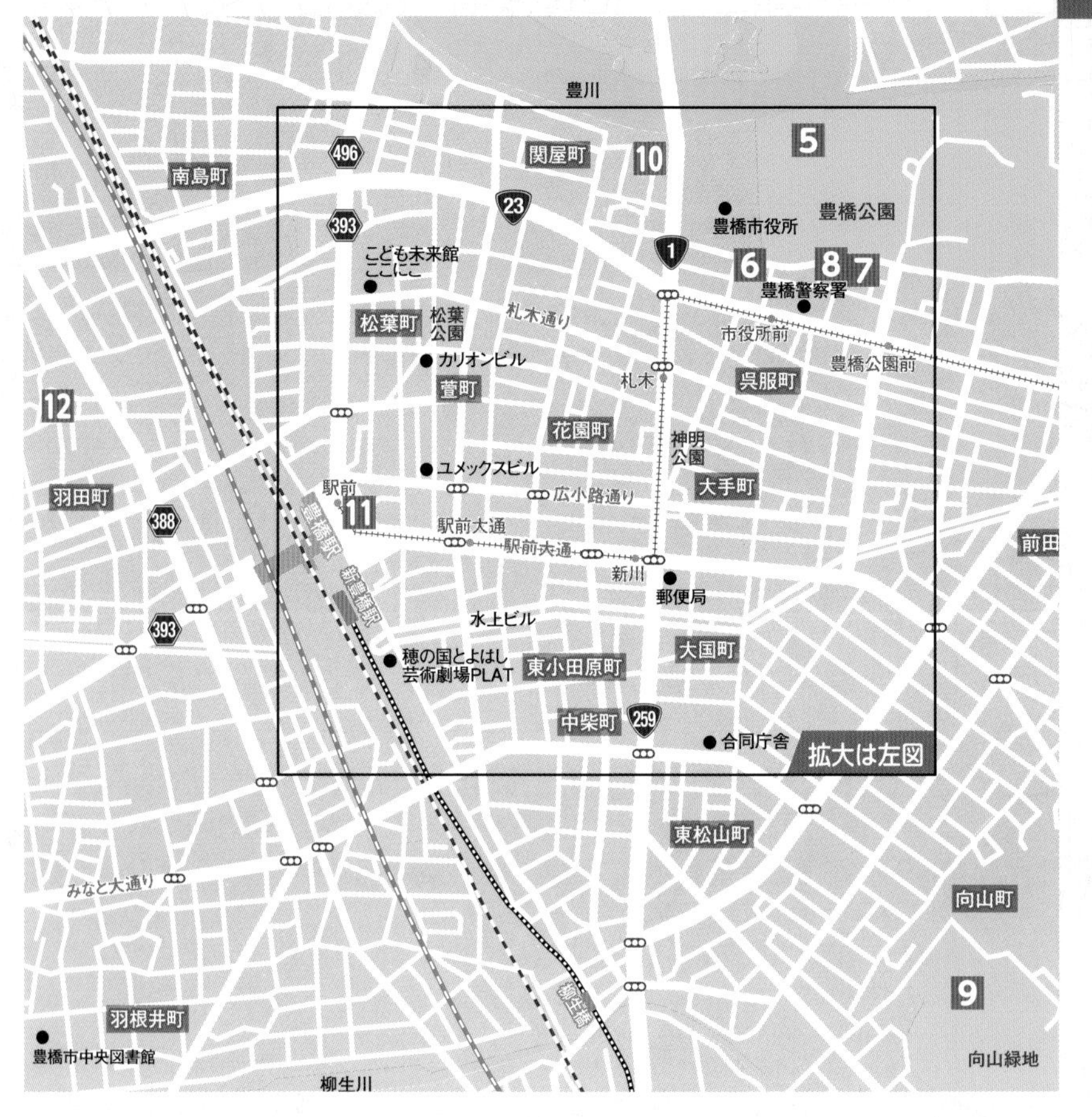

5 吉田城址（豊橋公園）
6 豊橋市公会堂
7 安久美神戸神明社
8 ハリストス正教会
9 向山緑地
10 吉田神社
11 路面電車
12 羽田八幡宮

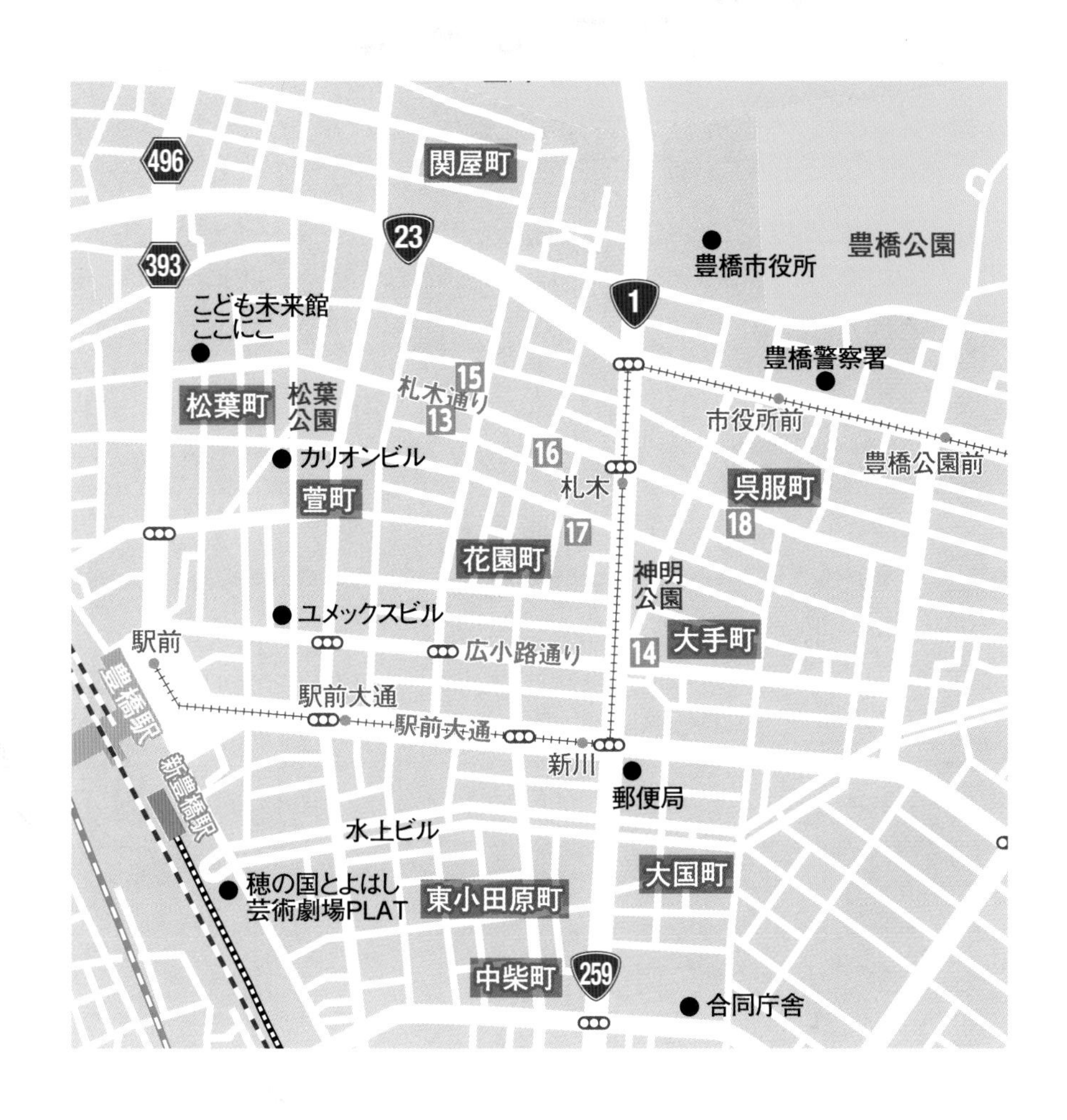

13 菜めし田楽 きく宗
14 東京庵本店
15 餅菓子処 大正軒本店
16 御菓子司 若松園
17 ヤマサちくわ本店
18 御菓子所 絹与

5 吉田城址（豊橋公園）

永正2(1505)年に牧野古白が築城し、池田照(輝)政が拡張した半円半郭の城です。江戸時代は、松平氏など譜代大名が居城しました。明治以後は、歩兵第十八聯隊がおかれ、一部その名残がみられます。

現在は豊橋市民のシンボル的な豊橋公園となり、市役所をはじめ、美術博物館、三の丸会館など公共施設が多く所在する憩いの場となっています。

Data
- 豊橋市今橋町
- 豊橋鉄道市内電車市役所前駅から徒歩1分
- 鉄櫓内部公開
- 火〜日 10:00 〜 15:00
- 入場料:無料
- TEL:0532-51-2430
- 豊橋市観光振興課

鉄櫓（復興）

三之丸口

明治元年の吉田城

6 豊橋市公会堂

昭和6(1931)年に建てられた、中村與資平(よしへい)の設計による公会堂で、半球ドームと鷲がシンボルとなっています。テレビや映画のロケ地として多く使われています。国登録文化財。

Data
- 豊橋市八町通2-22
- 豊橋鉄道市内電車市役所前駅から徒歩1分
- TEL:0532-51-3077

7 安久美神戸神明社

江戸時代には城内北側にありましたが、明治18年に軍隊練兵場をつくるため、現在地に移りました。本殿などは国登録文化財。また、2月に行われる鬼祭りは、「赤鬼と天狗のからかい」が知られ、国の重要無形民俗文化財に指定されています。

Data
- 豊橋市八町通３－17
- 豊橋鉄道市内電車豊橋公園前駅から徒歩２分
- TEL:0532-52-5257

8 ハリストス正教会

大正2年に新築されたロシア正教会で、県下の正教会の中で最古の聖堂です。聖堂内に画家山下りんのイコンが飾られています。国指定重要文化財。

Data
- 豊橋市八町通３－15
- 豊橋鉄道市内電車豊橋公園前駅から徒歩３分
- TEL:0532-54-0434

9 向山緑地

工兵隊の作業場であった場所で、昭和2年に、昭和天皇も訪れています。金子も姉妹とよく桜をみにきたそうです。春には、広々とした敷地の中に、1,000本を超える桜が咲き誇ります。

Data
- 豊橋市向山町
- 豊鉄バス岩田団地(大池)線・飯村岩崎線「台町」下車　徒歩５分

10 吉田神社

本殿は豊橋空襲にも焼けずに残ったもので、徳川家康からも寄進を受けていた神社です。手筒花火発祥の地としても知られ、7月におこなわれる豊橋祇園祭では、多くの人でにぎわいます。

Data
- 豊橋市関屋町２
- 豊橋鉄道市内電車札木駅から徒歩５分
- TEL:0532-52-2553

11 路面電車

大正14年から豊橋の街を走り続ける豊橋鉄道市内電車、通称「市電」。金子が住んでいたときも走っていました。路線距離は約5kmで、さまざまなタイプの車両がみられます。現在、「エール号」が運行中!

Data
- 豊橋鉄道市内線
- 豊橋駅～赤岩口・運動公園前
- 運行:5:52 ～ 11:45
- TEL:0532-53-2136　豊橋鉄道

12 羽田八幡宮

社伝では白鳳元年の創建と伝えられる八幡宮です。10月には豊橋「三大祭」の一つといわれる「羽田祭」があり、手筒花火が奉納されます。付近には近代的図書館として知られる羽田八幡宮文庫址があり、神門などは国登録文化財となっています。

Data
- 豊橋市花田町字斎藤54
- ＪＲ豊橋駅から徒歩10分
- TEL:0532-31-7968

食べる

13 菜めし田楽 きく宗

創業は文政年間と200年以上続く老舗です。こんがりと焼いた豆腐に秘伝の味噌をぬった田楽と、細かくきざんだ大根の葉を混ぜ合わせた"菜めし"が絶妙にマッチ。古関家も豊橋に来たとき、食べたそうです。

Data ■豊橋市新本町40
■TEL:0532-52-5473
■11:30～15:00(LO.14:30)
■16:30～19:30
■定休日:水曜(月1回週休あり)

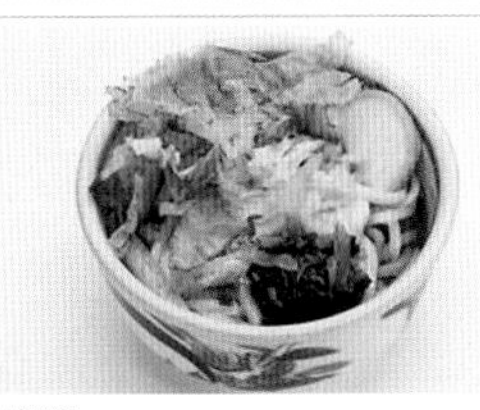

14 東京庵 本店

明治17年創業のうどん・そば店。宮様が食べに来たことでも有名です。「とよはしうどん」と呼ばれるにかけうどんは、温かいかけうどんの上に、かまぼこ、刻んだ揚げ、茹でた青味野菜、花かつおがのるのが特徴です。

Data ■豊橋市大手町135
■TEL:0532-52-3487
■11:00～14:45
■17:00～19:50 LO.
■定休日:月曜(祝日の場合は翌日)

15 餅菓子処 大正軒本店

明治9年創業の餅菓子店です。大正軒といえば、自動だんご焼き機で2度漬け2度焼きしただんごが名物です。みたらしのタレは、甘辛の三河伝来の味です。

Data ■豊橋市新本町10
■TEL:0532-52-7695
■9:30～18:00
■定休日:毎週水曜日

おみやげ

16 御菓子司 若松園

創業は嘉永年間ともいわれる老舗の和菓子店です。井上靖が食べた「黄色いゼリー」は、小説にも登場します。菓子はいろいろありますが、定番のおみやげは昭和天皇即位の年に豊橋市から名物として献上された「ゆたかおこし」です。

Data ■豊橋市札木町87
■TEL:0532-52-4641
■8:00～18:00
■定休日:水曜

17 ヤマサちくわ本店

昔から豊橋を代表する名産として知られたヤマサちくわ。創業文政10年、魚問屋を営んでいた佐藤善作が、ちくわを製造したのがはじまりです。古関家でもよくちくわを食べていたそうです。

Data ■豊橋市魚町97
■TEL:0532-53-2211(代)
■7:00～20:00
■定休日:なし

18 御菓子所 絹与

創業二百八十年以上続く和菓子店。吉田藩を訪れる参勤交代の諸侯に差し上げるお菓子の御用を受けていたそうです。寒天羊羹が一般化してからは、羊羹・打ち物菓子を中心に製造しています。

Data ■豊橋市呉服町61
■TEL:0532-52-4149
■9:00～18:15
■定休日:日曜

参考文献

金子の生涯

【豊橋生まれの金子】

古関金子　1960　「私の株式投資成功法」『婦人公論』10月号　中央公論社：東京

古関金子　1973　「娘への手紙（オキナワより第二話）」『日曜随筆』第1巻第3号　あいなめ会：東京

齋藤秀隆　2017　「内山金子の生涯」『コンサート講演会　古関裕而と内山金子』豊橋市役所シティプロモーション課：豊橋

【コラム　大正時代の豊橋と第十五師団】

大口喜六　1916　『豊橋市及其附近』豊橋市教育会：豊橋

豊橋市立福岡小学校校区誌編集委員会編　1985　『福岡　むかしと今』　豊橋市立福岡小学校：豊橋

【幼少期～福岡尋常高等小学校時代】

古関金子　時期不明　「スケッチブック」古関裕而記念館蔵（未刊行資料）

齋藤秀隆　2017　「内山金子の生涯」『コンサート講演会　古関裕而と内山金子』豊橋市役所シティプロモーション課：豊橋

福岡小学校百年誌発行委員会編　1974　『福岡　創立100年』　豊橋市立福岡小学校創立百年記念事業実行委員会：豊橋

【コラム　福岡尋常高等小学校】

福岡小学校百年誌発行委員会編　1974　『福岡　創立100年』　豊橋市立福岡小学校創立百年記念事業実行委員会：豊橋

福岡小学校創立百年記念同窓会名簿作成委員会編　1974　『創立100年記念会員名簿　福岡小学校同窓会』　福岡小学校創立百年記念事業実行委員会：豊橋

【豊橋市立高等女学校時代】

内山金子・古関裕而　1930　「往復書簡」古関正裕氏蔵（未刊行資料）

古関正裕　2020　『君はるか　古関裕而と金子の恋』集英社インターナショナル：東京

齋藤秀隆　2000　『古関裕而物語：昭和音楽史上に燦然と輝く作曲家』歴史春秋出版：会津若松

創立80周年記念誌編集委員会編　1981　『アルバムひがし』　愛知県立豊橋東高等学校創立80周年記念事業実行委員会：豊橋

豊橋東高校九十年史・校史委員会編　1991　『校史ひがし』　創立九十周年記念事業実行委員会：豊橋

【コラム　豊橋市立高等女学校の先進性】

創立80周年記念誌編集委員会編　1981　『アルバムひがし』　愛知県立豊橋東高等学校創立80周年記念事業実行委員会：豊橋

【名古屋で文芸活動】

内山金子・古関裕而　1930　「往復書簡」古関正裕氏蔵（未刊行資料）

古関金子　1975　「人間と、ふるまい」「こだま」75号　こだまの会：東京

古関金子　1976　「『女人芸術』おぼえ書き」『日曜随筆』第18号　あいなめ会：東京

古関正裕　2020　『君はるか　古関裕而と金子の恋』集英社インターナショナル：東京

【コラム　名古屋の活動拠点】

内山金子・古関裕而　1930　「往復書簡」古関正裕氏蔵（未刊行資料）

古関正裕　2020　『君はるか　古関裕而と金子の恋』集英社インターナショナル：東京

【運命の出会い】

内山金子・古関裕而　1930　「往復書簡」古関正裕氏蔵（未刊行資料）

刑部芳則　2019　『古関裕而―流行作曲家と激動の昭和』中央公論新社：東京

古関裕而　1977　「わが青春の旅　旅はメロディーを豊富に」『労働文化』28巻3号　労働文化社：東京

国分義司・ギボンズ京子　2014　『古関裕而1929／30　かぐや姫はどこへ行った』日本図書刊行会：東京

齋藤秀隆　2017　「内山金子の生涯」『コンサート講演会　古関裕而と内山金子』豊橋市役所シティプロモーション課：豊橋

【コラム　金子が読んだ新聞】

国分義司・ギボンズ京子　2014　『古関裕而1929／30　かぐや姫はどこへ行った』日本図書刊行会：東京

【福島へ、裕而と結婚】

古関金子　1973　「娘への手紙」『日曜随筆』創刊号　あいなめ会：東京

古関金子　1973　「娘への手紙（オキナワより第二話）」『日曜随筆』第1巻第3号　あいなめ会：東京

古関裕而　2019　『鐘よ鳴り響け　古関裕而自伝』集英社：東京

齋藤秀隆　2000　『古関裕而物語：昭和音楽史上に燦然と輝く作曲家』歴史春秋出版：会津若松

齋藤秀隆　2017　「内山金子の生涯」『コンサート講演会　古関裕而と内山金子』豊橋市役所シティプロモーション課：豊橋

【コラム　結婚式の謎】

齋藤秀隆　2017　「内山金子の生涯」『コンサート講演会　古関裕而と内山金子』豊橋市役所シティプロモーション課：豊橋

鉄道省編　1930　『汽車時間表』10月号　日本旅行協会：東京

喜多三（KITASAN）BLOG　「『エール』VS本当の話－16　ふたりの結婚」

【上京、声楽を学ぶ】

内山金子・古関裕而　1930　「往復書簡」古関正裕氏蔵（未刊行資料）

国分義司・ギボンズ京子　2014　『古関裕而1929／30　かぐや姫はどこへ行った』日本図書刊行会：東京

古関裕而　2019　『鐘よ鳴り響け　古関裕而自伝』集英社：東京

【コラム　内山金子のレコード】

日本蓄音機商会　1931　「ヒコーキ・レコードの十月新譜解説」日本蓄音機商会：東京

日本ビクター蓄音器　1933　「ビクターレコード八月新譜文句カード輯」日本ビクター蓄音器：東京

【戦前、声楽家として活動】

国分義司・ギボンズ京子　2014　『古関裕而1929／30　かぐや姫はどこへ行った』日本図書刊行会：東京

古関金子　1969　『極光』古関金子詩集　あいなめ会：東京

古関金子　1976　「ぶっつけ本番と夢の話」『日曜随筆』第17号　あいなめ会：東京

古関裕而　2019　『鐘よ鳴り響け　古関裕而自伝』集英社：東京

【コラム　金子の歌唱力とあこがれの三浦環】

古関裕而　2019　『鐘よ鳴り響け　古関裕而自伝』集英社：東京

齋藤秀隆　2017　「内山金子の生涯」『コンサート講演会　古関裕而と内山金子』豊橋市役所シティプロモーション課：豊橋

松村明編　1995　『大辞林』三省堂：東京

【戦後、声楽から文芸活動へ】

古関金子　1946　「昭和二十一年度　不忘草」古関裕而記念館蔵（未刊行資料）

古関金子　1960　「私の株式投資成功法」『婦人公論』10月号　中央公論社：東京

古関金子　1976　「『女人芸術』おぼえ書き」『日曜随筆』第18号　あいなめ会：東京

古関裕而　2019　『鐘よ鳴り響け　古関裕而自伝』集英社：東京

齋藤秀隆　2000　『古関裕而物語：昭和音楽史上に燦然と輝く作曲家』歴史春秋出版：会津若松

齋藤秀隆　2017　「内山金子の生涯」『コンサート講演会　古関裕而と内山金子』豊橋市役所シティプロモーション課：豊橋

【コラム　株にめざめた金子】

古関金子　1959　「株は芸術」『週刊株式』創刊号　週刊株式社：東京

古関金子　1960　「私の株式投資成功法」『婦人公論』10月号　中央公論社：東京

【晩年の金子】

曙学園　1973　『曙幼稚園20年のあゆみ　1973』曙学園：豊橋

刑部芳則　2019　『古関裕而－流行作曲家と激動の昭和』中央公論新社：東京

古関金子　1973　「娘への手紙」『日曜随筆』創刊号　あいなめ会：東京

古関金子　1969　『極光』古関金子詩集　あいなめ会：東京

古関金子　1975　「金子光晴先生を偲んで」『日曜随筆』第15号　あいなめ会：東京

古関金子　時期不明　「歌集ひまわりのうた」古関裕而記念館蔵（未刊行資料）

【コラム　金子光晴と金子】

上田正昭ほか　2001　『日本人名大辞典』講談社：東京

古関金子　1969　『極光』古関金子詩集　あいなめ会：東京

古関金子　1975　「金子光晴先生を偲んで」『日曜随筆』第15号　あいなめ会：東京

資料編

曙学園　1973　『曙幼稚園20年のあゆみ　1973』曙学園：豊橋

豊橋観光協会　1950　『観光叢書豊橋』豊橋観光協会：豊橋

豊橋観光協会　1950　『夢乃豊橋』豊橋観光協会：豊橋

豊橋市　1952　「広報とよはし」77号　豊橋市役所：豊橋

豊橋市　1956　「広報とよはし」138号　豊橋市役所：豊橋

豊橋市　1956　「広報とよはし」143号　豊橋市役所：豊橋

『東三新聞』「近づく豊橋まつり」1952・6・26　2面

あとがき

福島市にある古関裕而記念館で資料借用の打ち合わせをしていたとき、学芸員の氏家浩子さんから「古関裕而は、もし早く生まれたり、逆に遅く生まれたら、あのような音楽での大成はなかった。」と言われました。私は「それは金子も同じですね。」と答えたのを覚えています。たとえば、10年早く生まれると日清・日露戦争や封建的な考え方の影響、10年遅いと十五年戦争や思想統制の影響を受け、自由な発想や行動ができなかったでしょう。もしかすると戦時勤労動員で軍需工場へ派遣されたかも知れません。大正という安定した時代に人格を形成したことは、2人の人生にとって大きかったのです。

豊橋・福島両市の連携による署名活動で約15万8千名分の署名簿をＮＨＫへ提出し、古関夫妻をモデルに誕生した連続テレビ小説「エール」。コロナ禍の影響で6月29日から放送は中断、予定では11月28日には最終回を迎えます。ドラマが終わっても、声楽家として活動して夫の裕而を支え続けた豊橋生まれの金子が皆さんの記憶に留まることを期待し、本書を出版いたしました。

本書制作に際しての資料の調査やその提供につきましては、多くの方々や諸機関から便宜をはかっていただき、たいへんお世話になりました。お名前を明記して衷心より感謝申し上げます。

石田健二、伊藤和之、伊藤紀治、氏家浩子、内山登志雄、内山とし江、内山知之、刑部芳則、片山しづよ、加藤正義、川澄ユキ、久祖神勲、鈴木佳代子、田中久雄、豊田達也、豊田陽代、永島重平、中島孝行、長谷川和美、藤原喜郎、山本啓子。

愛知県立豊橋東高等学校、曙幼稚園、潮音寺、ツバメ屋楽器店、豊橋観光コンベンション協会、豊橋市、豊橋市図書館、豊橋市立福岡小学校、福島市古関裕而記念館、ほの国東三河ロケ応援団。（五十音順、敬称略）

最後になりましたが、特に出版に際してご理解いただき、監修を引き受けていただいた古関裕而・金子夫妻のご長男・古関正裕さま、出版のご協力をいただいた豊橋市・豊橋市図書館関係者のみなさま、印刷を快く引き受けていただいた共和印刷株式会社の中尾浩卓社長、出版を引き受けていただいた株式会社豊川堂の髙須博久会長・髙須大輔社長に対しましては、深甚なる感謝の意を表します。

令和2年9月

編著者

編著者（撮影／篠原伸佳）

■編著者略歴■

岩瀬 彰利（いわせ あきとし）

1963年　愛知県豊橋市生まれ
名古屋大学大学院文学研究科博士後期課程修了　博士（歴史学）
専門は日本考古学（縄文時代の土器・貝塚）
現在：豊橋市図書館 主幹学芸員（司書）
　　　東海学園大学人文学部非常勤講師（考古学）

【所属学会】東海縄文研究会（事務局統括）、日本考古学協会（会員）、考古学研究会（会員）、NPO法人東海学センター（会員）

【著　　書】『令和に語り継ぐ豊橋空襲』（単著：人間社）、『戦前の豊橋』（単著：人間社）、『ここまでわかった日本の先史時代』（共著：角川出版）、『中世のみちと橋』（共著：高志書院）、『関西縄文時代の集落・墓地と生業』（共著：六一書房）、『海人たちの世界』（共著：中日出版）、『豊橋市の今昔』（共著：樹林舎）など

【論　　文】「貝塚層位資料の信憑性」『考古学研究』第40巻第4号、「愛知県における弥生貝塚について」『立命館大学考古学論集Ⅲ』、「愛知県牟呂貝塚群におけるハマグリの選択的採取」『古代学研究』第171号、「縄文・弥生時代移行期の経済基盤と社会」『東海縄文論集』など

豊橋生まれの声楽家・古関裕而の妻

古関金子

令和2年9月24日　初版第1刷発行

監　　修　古関正裕
編　　著　岩瀬彰利
校　　閲　伊奈利定
デザイン監修　M／S
協　　力　豊橋市・豊橋市図書館
発 行 者　髙須博久
発 行 所　株式会社　豊川堂
　　　　　〒440-0804 愛知県豊橋市呉服町 40
　　　　　TEL：0532-54-6688　FAX：0532-54-6691
印　　刷　共和印刷株式会社

ISBN 978-4-938403-21-8
※定価はカバーに表示してあります。
※乱丁・落丁本はお取り替えします。